圧倒的に自由で快適な
未来が手に入る！

Neo
Life hack

勝間式ネオ・ライフハック **100**

勝間和代
Kazuyo Katsuma

KADOKAWA

人生の幸福度を上げて、
自由な未来を手に入れよう。

変化に対応して幸せになる、
アフターコロナの未来地図

　2020年に新型コロナウイルス感染症が世界中で大流行したことを契機に、私たちは今、歴史的な大変革期の真っ只中にいます。人間は生物である以上、感染症から逃れることはできず、過去にもペスト、天然痘、チフス、マラリアなど、さまざまな感染症が幾度となく大流行しました。そのつど社会制度や経済状況、働き方、生活様式が変化し、医療技術が発達すると同時に、感染症に強い体を得て寿命を延ばしてきました。

　ところが、21世紀に入ってから、なんとなく私たちは感染症リスクのことを忘れてしまいました。SARSやMERS、新型インフルエンザ、エボラ出血熱などの感染症が次々に発生しても、栄養状態の改善や環境の整備、抗生物質の開発などによって、昔ほど脅威に感じなくなったのでしょう。そのため、私たちはいつでもどこでも自由に移動し続け、世界の至る所で集いました。特に都市部には人が集中して、ものやサービスを当たり前のようにシェアし……。そんな現代社会は、実は感染症に対して非常に脆弱であったことを、今さらながらにして気づかされたのです。

　新型コロナが私たちに突きつけた現実は何か。それは、**あまりにも中央集権化しすぎた結果、過密かつビジーすぎる働き方や生活様式が、サステイナブル（持続可能）ではない**、ということです。

　世界中の多くの人が、オフィスビルや工場などにぎゅうぎゅうに詰め込まれ、過密な状態で働いています。当然、通勤途中も過密になり、通勤可能圏内に立地する住居も過密です。あらゆることが過

密になると、快適性や利便性を保つために、電気やガスなどのエネルギーをたくさん使わなくてはいけなくなります。かねてから地球環境のためにCO_2の排出量の低減が叫ばれているのに、私たちは本気で改善しようとしませんでした。

　また、職場や住居が過密になると、土地の価格が高くなるというデメリットがあります。すると労働生産性の伸びよりも、資本生産性の伸びのほうが高くなり、いつまで経っても、地主階級の人たちが豊かになって、労働階級の人たちは貧困のまま、という格差を解決することができません。さらに過密した所では、新鮮で栄養価の高い食材を入手する競争率が上がるので、最低限の栄養補給しかしにくくなる、という問題も生じます。

　多くの人がたくさんのエネルギーを使ってCO_2を排出し続け、働きすぎや貧困を強いられながら、最低限の栄養補給しかできない……。そんなおかしな現状に新型コロナによる感染症は一石を投じて、過密した働き方や生活様式に警鐘を鳴らし、それを分散型や自律型に変えて、持続可能な方向に動かし始めているのです。

　働き方や暮らし方が変われば、価値観も変わります。ビフォーコロナの時代は、どのぐらいお金を儲けることができるか、ということに価値が置かれましたが、これからのアフターコロナの時代は、**自分と自分の生活を大事にしながら働けるスローライフなスタイルをどのくらい築けるか**、ということが価値になると思います。

　すでに、自粛期間中のリモートワークを中心にした働き方や、不要不急の外出を控えて必要最小限のことを行う暮らし方を経験して、「実はそれほど悪くない」「むしろ楽しい」と気づいた人が少なくないでしょう。

　満員電車や無駄に多くて長い会議から解放されたことで、自炊す

る時間が生まれたり、子どもと遊ぶ時間や、適度に運動する時間も確保できたりしたわけです。そのスタイルが今後定着すれば、間違いなく、私たちは人生の幸福度を上げることができます。

　もちろん、自粛期間中に制限された会合や旅行などは以前のようにアフターコロナでも自由にできることを願いますが、すべてが元通りになるのが幸せとは限りません。

　誰も、満員電車での通勤も、1カ所に閉じ込められて働くことも、好んでやってはいなかったはずです。それが働き方の常識で、給料の一部だと割り切ればこそ我慢できたことでしょう。そうした当たり前が中断された今は、「元」の在り方を改善するタイミングなのかもしれません。**「元」の在り方は、本当に戻りたい場所なのか**。そのことについて、ぜひ一度考えてみてください。

　現に、20代を中心にした若い人たちはスローライフ寄りになっている印象を受けます。それを仕事第一主義が多い40代、50代の人たちは、「夢がない」「覇気がない」などと揶揄しますが、若い人たちから見ると、年配者の働き方は奇妙に映っています。そして、今後は若い人たちのスタイルにより多くの価値が見いだされ、主流になっていくに違いありません。

　本当に、そんなふうに世の中が一変するのか？　と疑いや恐れを抱いている人もいると思います。私の答えは、「する」です。

　人間は、自分たちの世界が変化してほしくないという願望を持っています。だからこそ、変化しない、という情報が耳に心地よく聞こえます。また、変化というものは2が4になり、4が8になり、8が16になるというふうに倍々で変化しますが、そうした指数関数的な変化を想像しにくいのも人間の特徴です。しかし、今回のコロナのように、ひとたび起きると、世の中が吹っ飛ぶように別次元

に変わるものなのです。

　特に現代は、小さなきっかけであらゆることが加速度的に大きく変わりやすいでしょう。その答えは単純で、あまりにも多い情報の流通量とその情報交換のスピード、そして人と人とのやり取りの速さです。

　変化に対抗する方法は、たった2つです。
　1　変化を先取りする
　2　どんな変化がきても対応できるようにしておく
　働き方も暮らし方も、コミュニケーションの取り方も、変化に逆らうのではなく、変化を味方につけるのが最大のポイントです。そして、そのことについてまとめたのが本書です。

　これからは、ある意味サバイバルの時代です。「不確実な状態が基本で、確実な状態が例外になる」という思考の転換を図らないと、生き残れません。すでに不確実性は高まっていて、私たちが予測したことについて、その通りの反応や結果が返ってきにくくなっているように感じます。
　どれだけ変化に耐え得るか。
　同時に、どれだけ変化にうまくのることができるか。
　そして、新しいことを始めるダッシュ力はどれだけあるか。
　本書では、圧倒的に自由で快適な未来に変わる方法を100項目紹介しています。一つ一つが独立した内容になっていて、なおかつ、テーマ別になっているので、興味があるところから読んでみてください。実践していくうちに人生の幸福度が上がっていることを実感できると思います。読み進めながら、ぜひ新たな未来地図を描いてください。

勝間和代

Contents

Chapter
6

人間関係ハック！
〈良好な人間関係が人生を楽しくする〉

Chapter
7

片付け・料理ハック!
〈ロジカル家事で生活を豊かにしよう〉

ヘルスハック！

〈健康管理こそ未来への最大の投資〉

※本書で紹介している情報、サービス、会社名、製品名、為替レート等は、書籍刊行時点（2020年7月）のものであり変更となる場合があります。

Chapter
1

問題解決・
目標達成ハック！

〈自分一人でがんばるな。環境と仕組みに注力しよう〉

001

あらゆる問題を解決する
たった1つの雛形を知る

・・・

　私たちはいつも、ちょっとした問題を抱えています。朝すっきりと起きられない、趣味がなくて私生活が充実しない、働きがいがない、などなど。これらの問題の解決方法には雛形があります。私はそれを、30代のころに6年勤めたマッキンゼーというコンサルティング会社で教わりました。以来、この雛形があることによって、すごく人生が楽になりました。

　その雛形とは何かというと、**問題を漠然と捉えるのではなくて、より具体的にしていく**、ということです。例えば、朝すっきり起きられない、といっても、毎朝起きられないのか、夜更かしした翌日だけ起きられないのか、あるいは仕事のプレッシャーが大きくて起きられないのか、など、いろんな状況があります。

　趣味が欲しい、という問題にしても、趣味が1つもないから欲しいのか、それとも追加で欲しいのか、あるいはもっと華やかな趣味が欲しいのか、身の回りの人がやっていないような趣味が欲しいのか、など。

　ここで問題の抽象度を下げて、問題点を洗い出して具体的にしていくと、解決の方向性が定まります。そのときすでに、問題は解決に向かっているのです。

　問題が問題のままなのは、捉える範囲が大きすぎるからで、捉えられるサイズに小分けすれば、対処法がわかって必ず解決できます。

　マッキンゼーでは、問題が漠然としたままの状態を「海」に、具

体的に小分けした状態を「ビーカーの海水」に例えて、「海は沸かせないけど、ビーカーの海水は沸かせる」と教わりました。確かにその通りで、なかなか問題を解決できないというのは、海ごと沸かすにはどうしたらいいか、と考えるようなものなのです。ビーカーで海水をすくって、小分けにして沸かしましょう。

仮説を立てる

　問題点を小分けにしたら、それに対して仮説を立てていきます。
　仮説とは英語でハイポセシスと言って、理科や科学の実験をする人はよくやりますが、証明したい事柄について、答えはきっとこうなのではないか、と仮決めをすることです。

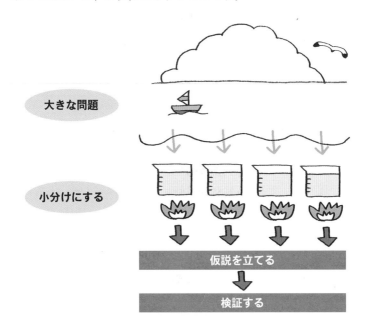

例えば、毎朝すっきり起きられないとしたら、それは睡眠時間が足りないせいかもしれないから、1時間早く寝るようにしよう。あるいは、目覚ましの音が小さいせいかもしれないから、音量を上げよう、など。

いくつか仮説を立てて、もっともらしいものから検証していきます。そして、これが原因だったのか、と納得できたら解決できたことになり、納得できなかったらほかの仮説を検証する。そうやって繰り返すことで、必ず納得できる検証ができて、解決に至るわけです。

仮説をどうやって立てたらいいかわからない人は、本やネットを参考にしたり、家族や友達に相談したりしてヒントを得るといいでしょう。

1つ目の仮説の検証で解決できたほうが時間も手間もかかりませんが、仮説と検証を繰り返して試行錯誤するほど、新しい道が開かれやすくなるのも魅力的です。特に仕事や家事の効率化、人間関係のゴタゴタ、ひいては生き方に関する問題は、検証を繰り返す過程で新しい発見ができて、視野が広がっていくと思います。

幸せになるためにはどうしたらいいか、という人生の命題のような問題も、今幸せではないと感じている点を洗い出して具体的にしていくと、必ず解決できます。

いい仕事をして幸せになりたいから、まずは資格を取得して転職を考えてみよう。いい恋愛や結婚をして幸せになりたいから、自分を磨いて出会いを増やすぞ！　健康な体を手に入れて幸せになりたいから、食事に気をつけて運動をする、など。方向性が定まった時点で、問題は確実に解決に向かっていきます。

"やる気幻想"を捨て、報酬システムを作る

・・・

よく、「やる気が出ないので、やる気を出す方法を教えてください」という相談を受けます。それに対して、私が真っ先に言うのは、"やる気幻想"を捨ててください、ということです。

やらなくてもいいことには、やる気が出ない

多くの人は、世の中には、何事にもやる気がある人とない人がいて、自分はやる気がないタイプだから、なかなか結果が出せないんだ、と考えがちですが、**やる気というのは幻想です**。もし、自分がいる場所で火事が起きたら、走る気があろうがなかろうが、全速力で逃げますよね。火事場の馬鹿力という言葉があるように、どんなに疲れていて、何もやる気がなくても、おそらく一生で一番速いスピードで逃げることができます。

自分が、それを達成しないと不都合がある場合は、誰でも簡単にやる気が出ますし、やってもやらなくてもいいことなら、多くの人はだいたいやらないほうを選ぶものなのです。それはなぜかというと、私たちは、生きていく上でできるだけ頭も体も使わないようにできているからです。

人類の歴史の中で、食料の調達が難しい時代が長く続いたから、カロリー消費を極力抑えたいというのが人間の体の原則になっています。それと一緒で、サボりたいと思っているのが前提にあって、

やってもやらなくてもいいことなのに、無理やりやる気を出してやろう、というのは本当に無理なのです。

　つまり、**やる気が出ない場合は、これはやってもやらなくてもいいこととして、私たちの本能が判断しているのかもしれない、と疑ってみてください。**

　例えば、英語を話せるようになりたいけど、やる気が出ないというケース。英語を話せないと、ひどい目に遭う人は、そうそういません。結局、やってもやらなくてもいいことだから、やる気が出ないわけです。逆に、かつての私のように外資系に就職してしまって、英語を話せるようにならないとクビになるかもしれない、という状況に追い込まれると、やる気の有無に関係なく英語を話せるようになるわけです。

　ダイエットしなくちゃいけないけど、やる気が出ないという人も、医者からやせないと病気になる、と宣告されたら、すぐにやるはずです。

「報酬システム」を作る

　ただ、切羽詰まった状況を意図的に作るのは難しいので、まず、**目標を達成する「頂上」までの道のりに「階段」を作る**のがおすすめです。いきなり、5m上の頂上まで一気に上れと言われても、上れませんが、そこに20段とか30段の階段を作れば上れます。そうした階段の設計が必要で、その階段は、無理なく簡単にクリアできる設定にすることがポイントです。

　さらに、頂上まで上りきるには、自分が今何段目を上っているかがわからないと、上りきれません。それは一種の報酬で、報酬を得られるから、次の1段を上る気につながるわけです。

　ダイエットの場合、水分でも筋肉でもなく、脂肪を減らすには1カ月にマイナス1kgが理想とされます。月に1kgということは、1日にマイナス約30gで、それが報酬になりますが、30g減っても全然嬉しくないという人や、体重計によっては10g単位の計測ができない人もいるでしょう。その場合は、別の報酬を作ります。例えば、1万歩歩いたらアプリやスマートウォッチに褒めてもらうとか、ダイエット仲間を募って、お互いに褒め合うのもモチベーションを維持しやすくなるでしょう。

　私は長年ブログを書いていて、去年の春からはYouTubeチャンネルも始めましたが、続けられているのは、リアルタイムで閲覧数や視聴数がわかって、コメントをいただけるからです。それが私にとっての報酬で、このブログや動画は高評価だったから、今後に活かそうと思ったり、コメントの中に質問や相談があれば、それを次回のテーマにしてみよう、と考えたりして、そうしたことがやる気につながっていきます。

　そうやって、自分がやったことに対する報酬を得られないと、続けられないわけです。ぜひ、続けたくなるような「報酬システム」を作ってください。

「頑張る」を禁句にする

・・・

　私たちは、頑張ろう！　頑張ってね！　あともうひと頑張り！など、「頑張る」という言葉がすごく好きです。でも、頑張るというのは、普段のリラックスした状態よりもギュッと力んで、一時的に高い成果を出そうとすることなので、実は弊害があります。

　弊害は2つあって、1つ目は、意識的に力を入れると、どうしても緊張した状態になってしまうので、自分の実力を100％発揮するのが難しくなることです。2つ目は、精神力を前借りして、無駄遣いしてしまうことです。

　普段の状態で平穏にやればいいものを、頑張ってしまうと、そのあとが疲れて、何もできなくなってしまいます。

　運動に例えるとわかりやすいですが、走るのも泳ぐのも、ペース配分を考えずにスタートダッシュなどをすると、あとで疲れてロクな結果になりません。仕事でも同じことが言えて、頑張って本来のペースが崩れてしまったせいでミスをしたり、失敗したりすることがあるのです。

　私は30代後半から、「頑張らない」を基本にして生活するようにしています。正確に言うと、**頑張らなくても仕事の成果が上がる、もしくは、頑張らなくても快適な暮らしができることを目指しています**。

　私は、1日の労働時間は3時間を目標にしています。なぜ3時間にしているかというと、3時間以上働くと頑張って作業すること

なり、疲れるだけで大して成果が上がらないからです。ただ時間ばかり取られて、家事がおろそかになったり、自分のやりたいことができなかったりするのも嫌なのです。

頑張る＝自力が足りない状況

　1日3時間しか働かないなんて、勝間さんだからできることですよ、と言われそうですが、果たして本当にそうでしょうか。勤務時間が決まっている会社員の方には難しいと思いますが、それ以外の個人事業主やフリーランス、経営者の方などは検討の余地があるはずです。

　頑張らなくてはできないということは、見方を変えると、自分1人の力だけではできない作業量ということです。つまり、自力が足りないことを認めなくてはいけなくて、そこは頑張るのではなく、道具を使うとか、誰かに助力を請うとかして、作業分担したほうが効率性だけではなく、ミスをなくすという正確性の意味でも、絶対にいいはずです。

　だから、「頑張る」を禁句にしましょう。

　個人的には、頑張ると息抜きや気晴らしが必要になるのも考えものだと思っています。息抜きや気晴らしで手っ取り早いものといったら、タバコ、コーヒー、甘いお菓子、お酒ですね。

　これらは、すべて依存性があるもので、健康を害するものばかりです。それらを必要としない程度に、すなわち頑張らないで平穏に暮らせるように生活設計をすると、健康的にもなれてよりよいと思います。

LIFE HACK 004

イライラしないコツを
マスターする

・・・

　イライラするときというのは、そこに何か問題が潜んでいること
が多いものです。イライラを解決するためには、いろいろな方法が
あると思いますが、私がやっている方法をお伝えします。

　まず、イライラしないコツは2つあって、1つ目は**余裕を持つこ
と**です。時間やお金に余裕がなくて、気持ちの余裕もないときは、
発火点がかなり低い状態です。ちょっとしたことでも気に入らなく
なって、キーッと爆発しやすくなります。

　逆に、よく眠れた日や休日は多少イラつくことがあっても、そん
なにキーッとはなりません。おいしいものを食べているときや、好
きなことをしているときも、細かいことを言われても、だいたい軽
く流せるはずです。

　ラッシュアワーの電車では、誰もがイライラしていますが、昼間
の電車ではそこまでイライラしていません。それはなぜかという
と、スペースと気持ちに余裕があるからです。

　ですので、イライラしない第1のコツは、**ラッシュアワーのよう
な余裕がない状態をなるべくなくして、イライラしないような環境
を整えておく**ということになります。

　2つ目は、イライラすることがあったら、**できる限りイライラす
る物事それ自体の問題解決に努める**、ということです。

　そのために、私はお店やメーカーなどに、改善してほしいことが
あるとよく注文を出します。私は、かつてあった、東海道新幹線の

検札が大嫌いだったので、車掌さんが来るたびに言いましたし、JR東海のホームページにも書き込みました。仕事に集中しているときに、検札が来ると中断されて本当に嫌だったのです。それを5年は繰り返し言い続けたと思います。そして、最近やっと検札がなくなりました。もちろん、私以外にも苦情があったからなくなったわけですが、働きかけ続けて本当によかったと思っています。

働きかけてもすべてが解決するとは限りませんが、何もしないよりも解決に向けて一歩でも二歩でも前進させることが重要です。何もしないでいると、イライラとさせられるままです。

イライラは解決できる

私は自転車乗りですが、自転車は車道では虐げられていて、イライラすることがとても多かったのです。あるとき、たまたま国土交通省の委員にならないかとお声がけをいただき、委員になって真っ先に道路政策を希望しました。そして、さまざまな要望の中で、あまりにも道路が車優先すぎて、歩行者や自転車、バイクの優先順位が低すぎるということを訴え続けました。

その結果、自転車に関しては、安全で快適な自転車利用環境創出ガイドラインというものを一緒に作らせてもらうことができました。いろいろな場所に自転車のピクトグラムが設置されるようになったので、少しは自転車の安全な走行に貢献できたかな、と自負しています。

イライラをなくすには時間やお金、気持ちに余裕を持って、イライラすることがあったら働きかける、ということです。この2つを実践して、皆さんが笑顔で過ごせますように。

005

イライラの原因に根気強く
対処する

● ● ●

　004でイライラしなくなる方法についてまとめましたが、どんなに予防に努めても、イライラは突然起きるもので、予防しきれずに、イライラしてしまうものです。そのとき、どうしたらいいか。全力で、イライラの原因に対処することをおすすめします。

　具体例を出すと、あるとき2週間ぐらい毎日自宅の固定電話に、ゴルフ場から電話がかかってきたことがありました。よく利用するゴルフ場からで、用件は会員権のセールスでした。つい相手の人が気の毒になって、とりあえず資料を送ってくださいと言ってしまいました。そうしたら、毎日電話がかかってきたわけです。出ないと留守電にメッセージが残っていますし、渋々出て、今忙しい、と断ると、翌日にまたかかってきて……。

　さすがにこれは厳しいと思って、ゴルフ場にクレームの電話を入れて、会員権を買う気はないので電話をしてこないようにお願いしました。電話に出た方は、会員課に伝えますと言ってくれたのですが、翌日にまたセールスの電話がかかってきたのです。勘弁してよと思いながら、買う気がないことを直接伝えて、電話をかけてこないことを約束してもらって、やっと一件落着しました。

　が、私のイライラはすぐには収まりませんでした。そもそもゴルフ場にクレームの電話を入れたのに、それが通じてないって、どういうことよ！　とイライラがブワーッと爆発しかけたのです。

　そこで私がしたことは何かというと、もう1回ゴルフ場にクレー

ムの電話をして、一度のクレームで改善されなかったことと、嫌がっている人に対して重ねて勧誘の電話をすることは、特定商取引に関する法律に違反していることを伝えて、善処するように念押ししました。さらに、これだけだと握りつぶされるかもしれないと思ったので、このゴルフ場のメンバーの方にお願いして、まったく同じクレームの電話を入れてもらって、セールス名簿から私の名前が外れたことを確認してもらいました。

ここまで全力で対処して、自分ができることはもうなくなると、すぐに忘れることができます。翌日からは電話がかかってこなくなったので、イライラを思い出すこともありませんでした。

要するに、私は電話がかかってくるたびに、前の電話でイライラさせられたことを思い出して、イライラしたわけです。イライラさせられる原因さえなくなれば、イライラはぶり返しません。そうすれば、たいていのことは一晩寝れば忘れますし、よほどのことも、3日もすれば思い出さなくなります。

利用頻度が高いもののイライラは全力で解決する

もう1つ、イライラした話をします。私はいつもネットスーパーを利用していて、AmazonフレッシュやAmazon Prime Nowでよくベビーリーフを買っています。100gで300円の大きいサイズですが、これが3回に1回ぐらい潰れて届くことが続きました。潰れると、牧草が腐ったような臭いがして、とても食べられるものではありません。

それでAmazonの総合受付に電話をし、AmazonフレッシュかAmazon Prime Nowにつなげてもらって状況を説明するわけですが、毎回5分、10分かかります。値段のことを考えたら途中で切っ

てもいいか、という気になるのですが、そこで諦めるとまた3回に1回は潰れて届くことが続いてしまいます。だから、潰れて届くたびに頑張って電話をし続けたら少し改善されて、ベビーリーフだけ紙袋に入って届くようになりました。おかげで潰れることがなくなったので、電話をし続けた甲斐があったわけです。

　イライラは全力で解決にあたって、忘れるしかありません。一度きりのことなら問題解決をせずに放置してもいいですが、私にとってのゴルフ場やベビーリーフのように、**利用頻度が高いものに関わるイライラは解決したほうがいい**と思います。

　もし、クレームをつけられないとしたら、それは自分の立場が弱いせいです。例えば上司によるパワハラに遭っていたり、パートナーからDVを受けていたり。そういうときは、すみやかに距離をとってください。問題解決したいのに、できないままその場に居続けると精神を病んでしまうからです。仲介者や代理人を立てて話し合いができる相手なら、話し合うことをおすすめしますが、それができない相手なら、会社を辞める、家を出るという選択をしてください。物理的に相手と顔を合わさない状況を作ることで、記憶の中から追い出すことができます。自分がやれることはやったという思いから、気持ちの整理がつきやすいと思います。

継続力を養う
３つのコツを知る

● ● ●

　英会話やダイエット、料理、運動など、継続したいと思っているけれど、三日坊主で終わってしまうことは、いろいろあります。いったい、どうやったら継続できるのか。残念ながら、継続しないほうが普通で、継続するほうが例外なのです。

　例えば私は、今までにいくつのスポーツクラブに入ったのか、よくわかっていません（笑）。社会人になった22歳から51歳までの29年間で、おそらく8つぐらいのスポーツクラブに、入ってはやめて、入ってはやめて、ということを繰り返していると思います。続かない理由は簡単で、私たちは基本的に忙しいからです。

　時間に余裕があるときというのは、スポーツクラブをはじめ、英会話もダイエットも料理も、なんでも続けられますが、仕事や子育てのように、緊急性が高くて、どうしてもやらなくてはいけないことが増えると、英会話などのように、中長期的な課題にしているけど、今すぐやらなくてもいいものは追いやられて、習慣の輪から外れてしまうのです。

　1回習慣の輪から外れたものは、なかなか手元に戻ってきません。だからといって、残念がる必要も、継続しないことに罪悪感を抱く必要も一切ありません。基本的に継続しないことが当たり前ですから、100回試すうち、1つか2つ続けば御の字だと思うようにしましょう。その1つか2つを確実に継続させるポイントは、次の3つです。

① 継続できる目標設定をする

1つ目は、**明確な目的意識を持つこと**です。外資系企業に入りたいからTOEICで高得点を取る、結婚式までに5kgやせてウエディングドレスをきれいに着こなす、など。デッドラインがあって、そこに向かって絶対やらなくてはいけない、という状況になれば、否応無しにモチベーションがわくので続きます。

逆に、いつか英語を話せるようになりたい、やせた体型に憧れる、という程度のモチベーションでは厳しいと思ってください。絶対に継続させないとマズい！ という目標を立て、具体的な数値設定をするのが1つ目のポイントです。

② 誰かと一緒にやる

2つ目のポイントは、**絶対に1人でやらない**、ということです。英会話にしてもダイエットにしても、教えてくれる先生やトレーナーがいると、継続しやすくなります。学校やスポーツクラブに入って、勉強仲間やダイエット仲間を作り、彼らに会うことを励みにするのもいいでしょう。今はオンライン上でもみんなでレッスンができます。私はよく、スマホの「みんチャレ」というアプリで、同じ目的を持つ仲間同士で励まし合ってやっています。毎日1万歩以上歩くことも、みんチャレを利用したおかげで習慣化できたと思います。

自分1人だとサボりたくなることも、みんなも頑張っているんだから頑張ろう、というモチベーションになるわけです。だから、誰かが並走してくれる仕組みを作ることが、継続する力になります。

③ 毎日必ずできるようにする

　3つ目のポイントは、**毎日5分でも10分でもいいから、する「枠」を組み込む**ことです。毎日よりも、1日おきや2日おきのほうが回数が少なくて続けやすいと思うかもしれませんが、逆です。スケジュールの中に枠があったりなかったりすると、習慣として定着しにくくて続きません。もっとも、毎日の生活を圧迫しない範囲に留めることが重要で、まずは1日2〜3分からで構いません。そこから少しずつ時間を長くして、10〜15分の枠を確保できるようになると、定着したも同然です。その時間の枠は、朝や通勤中、夕食後など、人それぞれ確保しやすい時間帯でOKです。とにかく毎日続けましょう。

　以上のように、物事を継続させる3つのコツは、明確な目標を期限付きで立てて、1人でやらずにプロのサポートをつけたり仲間を作ったりして、毎日やることです。この3つを守れると続きます。

　くれぐれも、試したものがすべて続くと思ってはいけません。続くのは、100回試して、せいぜい1つか2つです。そのぐらい気楽な感じでいろいろと試していくと、長年の間に継続できるものが蓄積されていきます。

007

毎日のルーティンの負担は
秒単位でも減らす

・・・

　料理や掃除、洗濯といった家事のほか、化粧や洋服選びなど、毎日していて手慣れているはずのことでも、負担に感じるときがありますよね。その原因は、かけられる時間は限られているのに、時間以上のことをしようとして、気持ちを疲弊させているせいです。

　家計が予算をオーバーしてお金が足りなくなったら、節約します。それと同じように、**時間と気持ちにも「予算制約」というものがあって、制約の中でできることをするのが基本です**。それなのに、多くの人は、やることを決めてから時間を捻出しようとするからできないのです。

　その逆で、例えば平日の朝の出勤前や夜寝る前には、余裕が〇分ぐらいあるけど、その時間内にできることってなんだろう、と逆算的に考えるわけです。そうすると、時間をオーバーすることも、気持ちが疲弊することもなく続けられます。言い方を換えると、**毎日続けるには、続けられる範囲でしかやらないことがポイント**です。そうすると、気持ちの余裕が保たれるため、時間を短縮するアイデアを思いついて、負担を減らすことができ、同時に続けられることを増やせます。

　例えば、多くの女性が毎朝化粧をすると思います。私が化粧にかける時間を計ってみたところ、4分くらいでした。以前はもうちょっとかかりましたが、4分に短縮できました。そのコツは、化粧下地、ファンデーション、アイブロウ、頬紅、口紅、と使う化粧品を

すべて1種類にしたことでした。1種類ずつだと、選ぶ時間がいりません。開けたらつける、開けたらつけるの繰り返しで、終わるのです。

あと最近気づいたのは、おでこにはファンデーションを塗らなくていいのではないか、ということです。ファンデーションを塗る主な目的は、毛穴の凸凹を目立たなくすることです。おでこはそんなに凸凹がないので、ファンデーションを塗る必要がないことに気づいたわけです。そうすると、今までおでこに塗るためにかかっていた10秒とか20秒が浮きます。たかが10秒、20秒と侮ってはいけません。毎日短縮されることで、一生の時間として蓄積されます。

気持ちを疲弊させないためにも体力が必要

とにかく、毎日やらなくてはいけないルーティンは、空いている時間内でしかしないと割り切って、その範囲内でできることをやると決めれば、毎日負担なく続けられます。

もう1つアドバイスするとしたら、気持ちを疲弊させないために必要になる体力をつけることです。**最初に足りなくなるのは時間より気力のほうで、気力は体力と連動しています。**私が毎日2時間を目標に運動しているのは、体力をつけるためです。体力がなくなった時点で、やる気もなくなってしまうのです。すると、ルーティンをテキパキこなせなくなって、どんどん時間が足りなくなるという悪循環に陥ってしまいます。そうならないために、体力面も見直すことをおすすめします。

新しいことにチャレンジ
しやすくなる土台を作る

・・・

　私たちの生活の中には快適空間というものがあって、今現在というのは、さまざまなことを最適化してきた結果なので、なんだかんだ言っても、そこそこ快適なわけです。仕事に関しても、家庭に関しても、人間関係に関しても。

　新しいことを始めようとするのは、その快適な状態を壊すことを意味しますから、ストレスが溜まります。だから私たちは、新しいことを始めなくていい理由を、山のように考えるわけです。お金がかかるから、時間がないから、自分には難しそうだから、きっと途中で挫折するから、などなど。

　たいていの人が経験することですが、新しいことは自分の実力以上に難しそうだ、と感じます。でも、実際にやってみると大して難しくなかった、ということが多々あります。それは単に、やったことがないから、難しそうだと感じてしまうだけのことです。そういう性質が私たちにはある、ということを理解するのが、新しいことにチャレンジしやすくなる1つ目のコツです。**新しいことは、事前に想像するほど難しくないのです。**

　2つ目のコツは、**期限を決める**ことです。何月何日までにこれをやる、という感じで決めて、それを周囲に宣言するとよりいいと思います。

　私が、長年やろうやろうと思ってやらなかったことは、ゴルフの競技会に出ることでした。ゴルフを始めたのは2012年ぐらいで、

すぐに好きになってゴルフ場の会員権も買い、頻繁にコースに出ていたので、競技会にも出ようと思えばいくらでも出られました。でも、そこまで上手ではないから、恥ずかしくてやらなかったわけです。

それが昨年の秋に人に誘われて、意を決して初心者向けの競技会に出ることに決めました。そして実際に出て、結果はまあ聞かないでください、という感じでしたが、私にとってはとても大きな前進でした。

誰でもなんでも、ある程度できるようになる

3つ目の新しいことにチャレンジしやすくなるコツは、**助けてくれる先達たちと仲良くなって、教えを乞う**ことです。私もゴルフの競技会に出るとき、まず出場経験がある人たちと仲良くなって、競技ならではのルールや参加者の雰囲気、開催当日の様子などを聞いて、高いと思っていたハードルを下げていきました。自分と同じ年代の女性もたくさん出場している、と知っただけで、ハードルがぐっと下がったことを覚えています。

この3点セットを実践すれば、誰でもなんでも、ある程度できるようになります。どうしても私たちは1つ目で立ち止まって、難しそう、難しそうと言って前に進みません。だから2つ目の期限を決めて宣言をすることと、3つ目の先達を見つけることがポイントです。

ぜひ皆さんも、難しそうだな、ハードルが高いな、と思うことにチャレンジしてみてください。新しいことを始めると、脳が活性化して認知症を予防し、アンチエイジングにもなりますよ。

チャージした意志の力を
効率的に働かせる

●●●

　私たちの毎日というのは、朝起きてから夜寝るまで、家事や仕事に追われて忙しいですよね。本当は、将来独立するための勉強や人脈づくりをしたいと思っていてもなかなか時間を作れない、あるいは、時間が作れるのは決まって夜遅くで、疲れきって何もする気が起きない、という人が多いと思います。そんな自分を怠惰でダメだと責めがちですが、それは間違いです。

　ほとんどの人は、基本的には怠惰です。私たちは楽をしたい生き物なのです。おいしいものをお腹いっぱい食べて、長い時間寝て、あんまり働かずに遊んで過ごしたい、という欲望を持っています。つまり、怠惰というのは性格ではなくて、生理反応です。ただ、そんなことばかり繰り返していると、中長期的にツケが回ってくるので、意志の力で仕事をしたり運動をしたり、食事に気をつかったりするのです。

　その意志の力がもっとも働くのは、ぐっすり寝て起きた朝です。フル満タン状態で1日をスタートして、午前中、午後、夜になるにつれて減退して、寝る前にはゼロになって、また寝てチャージされる、というサイクルになっています。だから、やりたいと思う将来のための課題を後回しにして、夜にしようとしても、余力が残っていないのでできなくて当然、というわけです。

　特に、普段し慣れていないことは慣れていない分、より多くの意志の力が必要になります。将来のための課題に取り組むなら、意志

の力がフル満タン状態の朝と午前中にするのがおすすめです。もっと言うと、**平日の朝よりも、休日の朝や午前中がおすすめです**。なぜなら、平日よりも寝たいだけ寝て、意志の力もより多くチャージされているからです。

　休日はどうしても、子どもと遊んだり、平日にできない雑用に追われたりするものですが、休日の朝の1～2時間でいいので、自分のために使う時間を設けてください。

意志の力は忙しいほど消耗スピードが速まる

　私は、ある時期毎日トランポリンとゴルフをすることを課題にしていて、ジムや教室に行くときも、自宅でオンラインレッスンを受けるときも、朝一番に入れるようにしていました。

　仕事も、今日はこれを絶対やらなければいけない、ということを最優先にして、最初にするようにしています。私は、有料のメールマガジンなどさまざまな執筆をしていますが、夜に書くと質が悪くなります。だから朝一番で運動をして元気になって、おいしいご飯を食べて、さあ仕事するぞ！　という意志の力がピークのときに書くようにしています。

　意志の力は、忙しい日ほど消耗するスピードが速くなります。その結果、夜は何もする気が起きないという状態になりやすいので、怠惰になりたくないなら、忙しくしすぎないことです。

　そうは思っていても、気づくと忙しさにかまけてしまうものなので、やはりやりたいと思う将来のための課題は朝か午前中に、特に休日の朝か午前中にするようにスケジューリングしてください。

010

目標達成するには、努力の9倍の環境整備をする

• • •

よく、何かを成し遂げるには努力することが大事だと言いますね。でも、達成するために必要な努力は10〜20％で、残りの80〜90％は、目標を達成しやすくするための環境を整えることが重要だと私は思っています。

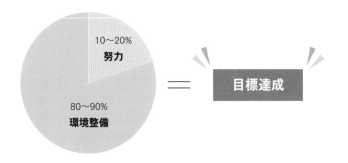

私は起業して自営していますが、なぜできたかというと、20代と30代で会社勤めをしていたころから、起業して自営している人たちが周りにいて、彼らから起業するノウハウをいろいろと教えてもらったおかげです。

起業に限らず、転職したいとか年収を上げたいとか、あるいは○歳までに結婚して子どもを産みたいとか、叶えたい望みは本当にいろいろありますよね。それらをスムーズに実現する最大のコツは、実際に叶えている人たちに囲まれる環境を作ることです。**彼らと接するうちに、望みを叶える考え方ややり方が自分にインストールさ**

れるので、自然と叶う方向に向かっていくわけです。

　意志の力を頼りにして目標を達成しようとすると、どうしても途中でくじけてしまいます。それよりは、実現している人たちのそばにいられる環境を作って、環境に後押してもらう形にすると、特に意志の力を使わなくても、なんとなく目標を達成できるようになります。私が起業したときも、なんとなく起業できた、という感じでした。

運動したいなら駅から遠いところに住む

　人ではなく、物理的に環境を整える場合、例えば運動をしようと思うなら、部屋の目立つところに運動器具を置いてください。目につけば、意志の力を使わずに、否応無しにやろうという気になりやすくなります。いっそ、駅から遠い場所に引っ越して、駅まで歩くか自転車を使って、運動せざるを得ない環境を作ってしまうのです。

　お菓子やお酒をやめたいと思ったら、まず家に置かないようにして、やめている状態に慣れるまでは、ケーキ屋さんには近づかないで、飲み会に誘われても断るようにします。

　私はYouTube動画を毎日配信するために、家の食卓の前に、撮影用の照明とカメラとマイクを常にセットしています。撮影自体は数日おきに、2〜3本まとめて撮っているので、その3点セットを見ると、あぁそうだ、今日のうちに撮っておかなくちゃいけないんだった、と刺激になっています。

　どんな目標も、達成するために味方につけるべきは意志の力ではなく、環境です。どのように環境を整えたら、より目標を達成しやすくなるか、ということを考えるようにしてください。

自分がなりたい人と
長く過ごせる環境を整える

● ● ●

　瞑想をして自分磨きをする、○○思考で自己実現をする、引き寄せの法則でなりたい自分になるなど、いわゆる自己啓発の方法というのはたくさんあります。それらは確かに効きますが、前提として「環境」が整っていることが重要です。

　010で、努力よりも環境整備が重要であることについて説明しましたが、どんなに努力をしようと思っても、周りにいる人たちが努力嫌いで怠けてばかりいたら、1人で努力をし続けるのは不可能です。強靭な精神力を発揮しても、徐々に燃え尽きて、結局やらなくなってしまいます。

　「人は、周りにいる5人の平均になる」という説があります。アメリカの有名な起業家で、一流企業のコンサルタントとしても知られるジム・ローンが提唱したことで、人は年収や性格、嗜好など、もっとも時間を多く過ごす5人の人の平均になる、ということを言っています。

　それほど、私たちは周りにいる人からは影響を受けるわけです。**好むと好まざるとにかかわらず影響を受けてしまうので、よりよくなりたいと願うなら、まずは自分がなりたいと思う人たちの近くに行って、その人たちと長く過ごせる環境を整えることが重要なのです。**そうしないと努力は続かず、どんなにいい自己啓発法も無駄になってしまいます。

　例えば、節約しようと思っているのに、外資系企業のように収入

は多いけど支出も多くなる環境にいて、周りの人たちがブランドものの服を着て高級店で食事をし、外車に乗ったりしていると、とてもじゃないけど自分だけユニクロを着て、食事は自炊が基本、車はカーシェアリング、ということはできません。

　子どもの教育を考えるときも、子どもに勉強しなさい、と言うより先に、学校や先生、生徒の質、塾や習い事などの周辺環境を整えることが重要です。起業する場合も、ライバル会社は何社ぐらいあるか、規制や需給状態はどうなっているか、という業務環境を整えることが先決です。

　繰り返しになりますが、そうした環境が整っていないところで、どんなに頑張って努力しても自分が疲弊するだけです。だから、自分の能力を発揮しやすい環境を見つける、もしくは作るようにしましょう。

気持ちだけあってもできない

　自炊についてもまったく同じことが言えて、家に自炊に適した道具と材料があったら、わりと誰でも自炊するようになります。逆に、道具も材料も何もなかったら自炊しません。というか、できません。道具と材料があるから、何か作ろうという気持ちになって、よりおいしくするにはどうしたらいいか、と努力するようになるわけです。道具も材料も何もなくて、おいしいものを作りたいという気持ちだけあっても、何もできあがりません。

　これまで自分の努力不足で続かないと思って諦めたことの中に、実は環境が整っていないせいでうまくいかなかったことは、結構たくさんあると思います。ぜひ思い返して、リトライしたいことがあれば、まず努力ではなく、環境整備からやってみてください。

TO DOリストや目標設定に
Google Keepを使う

・・・

　TO DO管理や中長期的な目標の設定、いつか必ずやりたいことなどのリストアップには、Google Keepという多機能メモアプリがおすすめです。手のひらサイズの小さな紙のメモ帳や手帳を持ち歩いたり、付箋にメモしたりしてTO DO管理している人もいると思いますが、そのデジタル版がGoogle Keepだとイメージしてください。

　差し迫った仕事の納期など、重要なことは忘れないものですが、そこまで重要度は高くないけど、しなくてはいけないことは、いくつもありますよね。例えば、〇〇さんに電話をして確認する、あの書類を探す、病院の予約を取る、など。そういう細かいことも全部、私はGoogle Keepにメモします。

　なぜGoogle Keepにメモするかというと、Google Keepを開いたときに、TO DOが溜まっていると表示されて鬱陶しいからです。**それを消したいがために、1件1件片付けていこう、というモチベーションになるわけです。**

　Google Keepは、Googleのサーバーに入っているので、スマホ、タブレット、パソコンのどの端末からも共通して使えるのもメリットです。その分、目にする回数が増えるので、し忘れるということがまずなくなります。

　以前は、メモアプリのEvernoteを使っていました。Evernoteは立ち上がりが遅めでしたが、Google Keepは一瞬で立ち上がるの

で、その直感性も気に入っています。よく利用する施設の電話番号は、Google Keepの下のほうに付箋のように貼っていて、そこを長押しすると電話をかけられるのもとても便利です。

ワーキングメモリーの有効活用にも役立つ

　私たちの脳内の、動作や作業に必要な情報を一時的に記憶するワーキングメモリーは、本当に容量が小さいんですね。そのワーキングメモリーを些細なことに使うのはもったいないので、日々のしなくてはいけないことなどはGoogle Keepに任せて、その分余裕のできたワーキングメモリーはほかのことに有効活用するのが賢明です。

　中長期的な目標や、いつか必ずやりたいことなども、文字化することで意識の中に組み込まれやすい分、実現しやすくなるというのも大きなメリットでしょう。

　Google Keepの回し者でもなんでもないのですが、無料で、動作が軽くて速いので、使ったことがない人はぜひ一度試してほしいと思います。私はスマホの下のほうに、Googleの検索とマップ、カレンダー、それからGoogle Keepのアプリを貼りつけていて、日常的なことはこの4つで済ませています。

時間管理ハック！

〈快適な自由時間はいくらでも生み出せる〉

「時間割引率」を下げて、 幸福度を上げる

• • •

　あなたは、今10万円をもらうのと、1年後に10万1000円をもらうのと、どっちがいいですか？　こう聞かれたとき、多くの人が「今の10万円」を選ぶ傾向にあります。これは経済学や行動経済学で「時間割引率」と言われる概念で、先々に手に入る報酬を、今すぐ手に入る報酬よりも低く評価する心理的な作用を意味します。本当は、今の10万円より1年後の10万1000円のほうが1%上乗せされて多いのに、1年という時間を考えると価値が低下して、10万円と10万1000円が同等の価値に感じられてしまうのです。

　この時間割引率という概念は生きる上で非常に重要な概念で、**私たちは時間割引率が低ければ低いほど、お金をたくさん儲けて、たくさん貯めることができ、さらにより健康になって、老後をより楽しめ、幸せになれる**ことがわかっています。

今　　　　　　　　　　　　　　1年後

10万円　　　　　　　　　　　10万1000円

時間割引率が **高い**　　　　時間割引率が **低い**

　例えば、パチンコにハマっている人で、毎日1万円使っているとします。パチンコというのは必ず損をするようになっていますが、毎日1万円使っていると、5日目に4万円ぐらい当たります。5万円使って返ってくるのは4万円で、1万円の"負け"なんですが、それでも一度に4万円手にできたら嬉しいですよね。そして、今日も"勝てる"かもしれない、と思って、お金をつぎ込み続けるわけです。そのお金の半分でも貯蓄に回したら老後も安泰、とわかっていても、それができないのは時間割引率が高いからです。

　タバコやお酒も同じで、やめたほうが体によくて健康寿命が延びるとわかっていながら、吸っているとき、飲んでいるときは楽しい。その楽しいときに、10年後、20年後の肺ガンや心筋梗塞、脳梗塞などのリスクを全部忘れて、今の楽しさを選んでしまうのも、時間割引率が高いせいです。

　さらに、運動についても同じことが言えます。駅では、階段を使ったほうが足腰や心肺機能を鍛えることができるとわかっていながら、エスカレーターやエレベーターを使ってしまいますよね。そのとき、逆に苦しくても、将来の健康のために階段を使う人が、時間割引率が低い人ということになります。

時間割引率を低くするカギは環境

　いったい、どうやったら時間割引率を低くすることができるのでしょうか。別の言い方をすると、今の1時間や今の1万円を、どうやったら1年後の1時間や1万円、10年後の1時間や1万円と、同じ価値に考えられるのでしょうか。そのカギになるのが環境で、時間割引率が低くなる環境を整えることが重要になります。

　マシュマロ実験という、時間割引率が低い心の状態＝自制心に関

するアメリカの有名な心理実験があります。これは4歳の子どもにマシュマロを1個与えて、15分間食べるのを我慢したら、もう1個与えられる、という実験で、約200人の子どもを対象に行ったところ、3分の1の子が我慢できました。そして、その3分の1の子たちは十数年後も自制心を持続していて、周囲より優秀な成績を収めていることがわかりました。

という実験なのですが、実はこれには後日談があり、対象を変えて再実験したところ、そんなきれいな結果は得られませんでした。なぜかというと、最初の実験はスタンフォード大学の付属の保育施設に通う、とても恵まれた家庭の子どもだけを対象にしていたためです。しかし、再実験では子どもたちの自制心を左右する要因は、彼ら自身の性格よりも、家庭の経済的な余裕や、親の時間や気持ちの余裕のほうが本人の時間割引率よりも影響が大きかったからです。

もし、マシュマロをもらえないような家庭環境で育っていたら、1個もらった段階で食べてしまうのが自然で賢明な選択になります。親が約束を守らないタイプだったら、食べるのを我慢したら2個あげる、と言われても信じなくて当然です。約束を守ってもらえなかった経験から、1個もらったらすぐに食べることを選ぶのです。つまり、時間割引率を下げても、環境がそれを許してくれない場合がある、ということです。環境を変えない限り、時間割引率はそう簡単に下げられないからこそ、**どういう環境であれば、時間割引率を下げられるか**、と考えた上での環境整備が重要になるのです。

やめたいものは家に置かない、近づかない

私は健康のために、約1年前からコーヒーや緑茶などに入ってい

るカフェインを摂らないカフェインフリーと、砂糖と砂糖を含む食品や調味料を摂らないシュガーフリーを実践しています。どうやって実践し続けているかというと、家にカフェインもシュガーも置かないようにした、という環境が大きな要因です。

代わりにお気に入りのノンカフェインのハーブティーと、甘い果物やサツマイモを常備しています。私が特に時間割引率が低いタイプというわけではなく、ひとえに環境整備がなせる業なのです。

実際、外出中に空腹に耐えきれなくなったら、私もコンビニでおにぎりを買ったり、カフェやレストランに入ってサンドイッチを食べたりします。市販品や外食メニューには、調味料として砂糖が多用されていることを知っていながら、です。やはり、環境の問題が大きいので、外に行けばそうなります。

したがって、カフェインやシュガーと同様に、家にはタバコやお酒を置かない、パチンコ店には近づかない、という**時間割引率が下がらざるを得ない環境を整えて、その状態に徐々に自分を慣れさせていく**、というやり方がおすすめです。

駅の階段を上る環境づくりは、さすがにエスカレーターやエレベーターをなくすことはできないので、トレーニングだと割り切るしかないかもしれません。

そう言うと、結局は気持ちの問題？　と言われそうですが、生まれつき、時間割引率が低い人は1人もいません。スタートラインはみんな一緒で、赤ちゃんのころは、お腹が空いたら泣く、眠くても泣く、おしめが濡れても泣く、という今の欲望を満たすことしか考えられない状態でした。そこから少しずつ学習して、自分を律したりしながら、より幸せになる選択を重ねてきたはずです。

そのことを思い出しながら、今の環境を見直して、時間割引率が下がるように整えてみてください。

「時間割引率」を下げる
3つの極意を知る

• • •

013で、私たちは今すぐ手に入る報酬のほうが魅力的で、それよりも少し多い先々の報酬を選ばない傾向があること、すなわち、時間割引率が高くなりやすいことを説明しました。

逆に言えば、時間割引率が下がれば下がるほど、先々の報酬を重んじられるため貯蓄が増え、先々の健康も考えて喫煙や飲酒などを節制するため不調や病気が治り、人生の幸福度が上がります。

そのカギになるのは環境整備にある、という話も010でしましたが、時間割引率を下げるのはそうそう簡単ではありません。ある意味、欲望や本能との闘いだからです。そこで、どうしたらより時間割引率が下がるのか、その極意を3つ説明します。

1つ目の極意は、とにかく**時間割引率の概念をよく知ること**です。

皆さんは、「時間割引率がもっとも高いとき＝欲望や本能にもっとも負けるとき」、というのはいつだと思いますか？　それは、今現在です。だから、目の前においしそうなご飯やお菓子を出されると、つい手が伸びてしまうわけです。

私はシュガーフリーを実践中ですが、お腹が空いているときにケーキを出されたら、拒否する自信はまったくありません。目の前に出されて見た瞬間に、欲望が暴走します。おいしそうなケーキがあるぞ！　口に入れたら絶対おいしいに決まってる！　えーい、食べてしまえ！　という感じで頭の中がスパークするので、そうなってから食べるのを拒否するのはほぼ不可能です。

　ただそこで、「人というのは目の前の誘惑に逆らえない」ということを知っていると、目の前にケーキを置かない、置かせないという形でスパークに翻弄されちゃダメだぞ、というふうに我慢しやすく、冷静さを取り戻せるのです。

欲望や本能より、報酬を得る喜びのほうが上

　2つ目の極意は、**一度時間割引率を下げて報酬を得ると、その報酬がまた欲しくて自動的に下がる**、ということです。

　どういうことかというと、例えば運動習慣を身につけるとき。最初は面倒くさくてサボりがちでも、徐々に体重や体脂肪が減ると嬉しくなって、やる気が出ますよね。周囲の人から、「やせたんじゃない?」「スリムになったね」と褒められたら、ますますやる気になって、運動するのが当たり前の人になるものです。その嬉しさや褒め言葉が報酬で、それらを得る喜びやメリットを一度体験すると、それがまた欲しくなるから、進んで運動したくなるわけです。運動が習慣になるまでは上回っていた、面倒くさいからサボっちゃおうかなぁ、という気持ちはどこにも存在しません。だからこそ、まず一度、報酬を得る体験をすること。体験しちゃったもの勝ち、なのです。

　3つ目の極意は、**できるだけ余裕を持つこと**です。時間割引率が下がらないのは本人の性格の問題よりも、余裕の問題です。今現在、お金がない、時間がない、健康を損ねているなど、あらゆる余裕がない状態だったら、先々のことを考えられなくて当然です。

　改善しやすいことから見直して、少しずつ余裕を増やしていってください。500円玉貯金をする、毎食野菜を食べるなどの小さな改善でよく、その積み重ねが自信になって先々のことを考える余裕が生まれます。そして、時間割引率を低くする行動につながるのです。

015 予定と人間関係の断捨離をして、余裕を常に作る

● ● ●

014で、時間割引率が下がりやすくなる極意は3つあって、その3つ目として、できるだけ余裕を持つことに言及しました。

例えば、今なら5000円、1年後には1万円あげます、と言われたとき、今お財布に10万円入っていたら、今すぐお金が必要ではないから1年待てます。でももし、お財布に300円しか入っていなくて、お腹が空いていたら、誰だって今の5000円をもらいます。その時間割引率が高い状態を選んでいるのは、本人の性格というより、余裕のなさのほうなのです。

ただ、自分がその立場になると、余裕がないことに意外と気づけなかったりします。気づく余裕もない、というのが正しいかもしれませんが、実は自分の余裕の有無を認識する簡単な方法があります。その1つが、郵便受けのダイレクトメールを手にしたときです。

毎日のようにいろんなダイレクトメールが、ポストの中に入っていると思います。それらを、すぐ開封して不要なものは捨てるか、あるいは、あとで開封すればいいや、とそのへんに放っておくか。あなたは、どうしますか？　また、ご飯を食べ終わった後の洗い物も、すぐ洗うか、それとも放置するか。ゴミ捨ても、ゴミの日ごとに毎回捨てるか、それとも数回分まとめて捨てるか。

いずれも、**あとですればいいや**、と後回しにする人は、基本的に**余裕がない状態**だと言えます。私たちは、気持ちや時間に余裕があると、自然に片付けや掃除、整理整頓を始めるものです。それまで

していなくて溜まった「負債」を精算するイメージです。そして余裕があったら、今のうちに友達や親に連絡をして会う約束をしようとか、美容と健康のために運動を始めるなど、将来に対する「積み立て」もし始めます。

　そうした先回りの行動が一切できなくて、なんでも後回しにするのは余裕がない証拠です。

本当に大事なものだけを残す

　余裕がない人は、どうやって余裕を作ればいいか、ということですが、ポイントは断捨離です。いらないものを断捨離すると空間的な余裕が生まれるように、**予定と人間関係の断捨離をして時間と気持ちの余裕を作りましょう。**

　例えば、つき合い程度の重要度の低い会には顔を出さない。自分でしたほうが早いからといって、仕事を増やさない。部下やアシスタントにお願いできる仕事はお願いする。一緒にいて楽しくない人とはつき合わない。友達だと思っていた人でも、気に障ることが増えてきたら距離を置く。

　言ってみれば、**自分にとって本当に大事なものだけを残す**、ということです。そうするには勇気が必要ですが、その勇気を持つと本当に、面白いように余裕が生まれます。そして生まれた余裕は、まず後回しにしていた「負債」の精算にあてて、次に先回りの行動をして将来の「積み立て」に回しましょう。先回りできればできるほど、余裕が増えて先々のことを考えられるようになるので、時間割引率が低くなります。すると「今の5000円」ではなく「1年後の1万円」を選べてお金が貯まり、将来の自分のために喫煙や飲酒は控えて運動する結果、人生の幸福度が上がるというわけです。

優先順位づけを
毎日の習慣にする

• • •

　お金が貯まらない、家の中が片付かない、仕事や家事に追われて時間がない、やる気が出ない……など。これらの悩みを抱える人に、共通することがあります。それは、物事の優先順位づけが苦手ということです。優先順位づけが上手にできるようになると、ありとあらゆることがうまくいきます。

　優先順位づけというと、1番にすべきことはこれで、2番目はこれ、3番目はこれ、という感じで決めると思いますが、それ以前に**「やらなくていいこと」を決めることがもっとも重要**です。なぜなら、1日24時間という時間をはじめ、自由に使えるお金、体力、気力、思考のキャパシティは一定で大きくなることはなく、気づくと予定やタスクが詰まってぎゅうぎゅうになりがちだからです。その状態で正しく優先順位づけするのは難しく、仮にできたとしても、キャパシティに余裕がない以上、スムーズに実行することは至難の業なのです。

　経済学用語で「余裕率」という言葉がありますが、時間やお金、体力などすべて、なんでも2割ぐらいは余裕を残しておくのが、うまく回す秘訣です。**だから限られたキャパシティを有効活用するには、今の自分にとって重要ではないことや、不要なことは切り捨てるに限ります。**あらかじめそれをしておくことが、優先順位づけのすべてと言っても過言ではありません。

　そうは言っても、後であのときやっておけばよかった、と後悔し

たら嫌だしなぁ……。そんなふうに考えて、やらなくていいことを
なかなか決められない人は、「慎重な欲張りさん」でしょう。慎重
だから決めるのに時間がかかり、欲張りだから全部達成したくなる
わけです。

しかし、私たちのやりたいことは、日々どんどん増えていきま
す。どんなに頑張っても、全部達成することはできません。より多
く達成するには、できるだけ早くやらなくていいことを見極めて、
達成するための時間をより多く確保することです。

毎朝1つ、最優先事項を決める

やらなくていいことが決まったら、優先順位づけをします。おす
すめの方法は、**朝起きたときに、今日の最優先事項を1つ決める**こ
とです。その日によって、最優先事項は変わると思います。子ども
の誕生会が最優先事項の日もあれば、仕事のプレゼンや商談、親と
一緒にコンサートに行くのが最優先事項の日もあるでしょう。

どんな予定であれ、それを今日の最優先事項に決めたら、きちん
と達成できるように、ほかの予定やタスクの時間や分量を調整して
ください。そうすると自然と、2番目以降の優先順位が決まって、
スケジュールがすっきりと整うでしょう。そして、1日ごとの優先
順位づけがうまくできるようになると、1週間単位でもできるよう
になります。1週間単位でできるようになると1カ月単位で、1カ
月単位でできるようになると、1年単位でもできるようになりま
す。

すると、何をするにも優先順位づけすることが身についているの
で、お金を使うときも、一番欲しいものは何か、一番お得なのはど
れか、ということを考えるようになるため、無駄遣いが減ってお金

が貯まりやすくなるのです。

　この優先順位づけを続けていくと、過去には優先順位が高かったけど今は低くなったり、あるいはやらなくていい不要なことに変わったりする場合もあります。それをしっかり見極めて、不要なものは切り捨てて、今と将来のためになる優先順位づけをするように意識しましょう。それも、時間やお金、体力、気力、思考のキャパシティの余裕率を上げるコツです。

友達や家族の優先順位は高くする

　もしどうしても、やらなくていいことの見極めがうまくできなくて、優先順位づけをマスターできない場合は、自分が80代や90代になったときの、理想的な優先順位をイメージしてみてください。

　そして、それを目指すには、70代、60代、50代、40代の優先順位はどうするといいか考えてください。さらに、今年、この半年間、この3ヵ月間、今月、今週、今日の優先順位は？　というふうにブレークダウンして考えると、**自分が目指す人生のゴールにフォーカスできているので、やらなくていいことがわかりやすくなります**。優先順位づけも、すんなりできると思います。

　ただ、これはあくまでも自分の中だけの優先順位で、人生設計です。できるだけイメージ通りに進めよう、という思いは大切ですが、そのために友達や家族との時間がおろそかになっていないか、今一度、確認してください。

　私は、友達や家族に関することは、非常に高い優先順位にしたほうがいいと思っています。結局、人が亡くなるときに後悔するのは何かというと、あんなに仕事ばかりしないで、友達や家族との時間をもっと大切にすればよかった、ということなんですね。だから、

友達や家族との予定が入ったら、それをその日の最優先事項にする、という意識を持つことをおすすめします。

自分のキャパシティを使い切らないように

　繰り返しますが、時間、お金、体力、気力、思考のいずれも、フルに使わないことです。8割ぐらい使ってるな、と感じたら、そこでストップするのがいいでしょう。1回ストップしてみて、何か不都合があったら戻る、というような形にすると、無理も無駄もなくなると思います。

　ちなみに、私の中で約1年前から優先順位が高くなっているのは、YouTubeの動画撮影です。1日1本配信することを目標にしていますが、毎日テーマと話す内容を決めて、実際に話して撮影する、ということを継続するのはなかなかの負担です。

　でも、話すことで自分の中での新たな発見も多く、それを続けると、どんな変化が起こるのか、楽しみな部分もあります。もちろん、視聴者の方々の反響と変化にも興味津々です。それが、優先順位を高く維持するモチベーションになっています。

ひたすら仕組み作りで
効率化する

・・・

　私は、あらゆる物事を効率化する「効率化マニア」を自認していますが、最初からなんでもストレートに効率化できるタイプではまったくありません。どうやったら効率化できるのか、ということを考えて考えて、その仕組みを作る努力をすごくしています。

　例えば、2019年の春に開設したYouTubeチャンネルの動画撮影。回を追って徐々に効率化を図っていったわけですが、とにかく細かい改善を重ねました。顔色をよく見せるには照明をどうやって当てたらいいか、反射板も使うべきか、音声をあとで出力調整しない方法はあるか、など。

　撮影した動画を再生すると聞こえる、カチカチというノイズをどうするか、という問題もありました。ノイズが出るところを編集するのは面倒くさいので、最初は編集せずにそのまま流していました。でも、やっぱり気になって、いろいろ調べて、操作ボタンを取り替えることでノイズが出ないようにしました。

　私は撮影にスマホを使っていますが、動画を撮る多くの人はコンデジやミラーレス一眼を使っていると思います。それでもなぜ私はスマホにしているかというと、スマホのほうがカメラよりも物理的に小さくて軽い、ということに加え、画像ファイルも小さくて軽いため、データとしての扱いもとても楽だからです。毎回、その手間に時間を取られたら、撮影するのが億劫になると思い、それなら最初から億劫にならない方法を選んだほうが賢明、と判断したわけで

す。あとあとネックになるだろう発生原因を、事前に取り除いた、というわけです。

　私が料理の味付けで、原則的に塩とオリーブオイルしか使わないで済んでいるのも、その2つだけで十分おいしくなる調理器具があって、それに最適な食材を選んでいるからです。その2つでおいしくならない食材は、事前に取り除いています。

　食材をはじめ日用品をネットで購入しているのも、自分で買いに行く時間と運ぶ手間を事前に取り除いた結果です。

　洋服も、自分で選んだりコーディネートしたりするのが大変すぎるので、定額制ファッションレンタルサービス「airCloset（エアークローゼット）」にお願いするようになりました（詳しくは051参照）。

同じことの繰り返し＝無駄

　何かを形にしてアウトプットするためには、必要なインプットを用意してプロセスを整える、という過程がありますが、その過程で、なるべく無駄なことをしないというのがポイントです。同じプロセスを何度も繰り返さなくてはいけないことは、実は結構あると思います。

　効率化マニアの私は、**同じことを繰り返すという無駄を省くにはどうしたらいいか、繰り返さない仕組みはどうやったら作れるか、**ということをしつこく考えるわけです。

　猫の自動トイレを購入するまでにも、しつこく考えました。娘が一緒に住んでいたころは、娘が猫のトイレの世話を結構やってくれていたので、効率化を徹底する必要を感じていませんでした。ところが娘が独立して、私1人になったときに、猫のトイレ掃除ってこんなに大変だったんだ！　と痛感して、それをきっかけに、猫のト

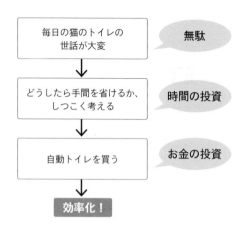

イレについて検索をし始めました。どうしたら毎回猫砂を替えたり、周辺に飛び散った砂を掃除したりする手間を省けるか、ということを毎日毎日調べて、やっと出合ったのが自動トイレです。

この6万円ぐらいの機械を買うと、すべてのことをしてくれて、私は3〜4日に1回袋を取り替えるだけで済む！　と、まさに救世主のように思って購入したところ、初めはうまく機械を調整できなくて、マニュアルを読み返したり、メーカーに連絡してやり方を教えてもらったりする、というさらなる手間がかかりました。そうした紆余曲折を経て、やっと効率化できたのです。

たまたま猫の自動トイレの広告を見て買ったわけでも、猫がいるから自動トイレを買おう、という発想に直結したわけでもありません。とにかく私は、何か面倒や手間に感じることが起きたら、問題解決の方法をいろいろ調べては試し、時には道具を買って改善を図る、という**時間とお金の投資**をしています。そしてちゃんと効率化できたことを、本や動画で皆さんにお伝えしている、というわけです。

LIFE HACK
018

時間を生む3つのコツを実践する

● ● ●

　私は経済評論家で、会社の取締役や大学の客員教授のほか、本の執筆やセミナールーム＆キッチンスタジオの運営、YouTubeの動画配信など、さまざまなことをしていることから、「どうやって時間をやりくりしてるんですか？」「時間管理のコツを教えてください」と聞かれます。

　時間管理のコツは3つあります。1つ目は、**完璧主義にしない**、ということです。私の口癖は「だいたい」「適当」「そんな感じで」というアバウトな言葉ばかりで、何事も、時間をかけて完璧に仕上げる、ということを絶対にしません。

　どんなことも、最後の仕上げや最後のまとめにすごく時間がかかるものです。洗濯物も、ざっと畳むのは一瞬で済みますが、ショップの陳列のようにきれいに畳もうとすると時間がかかります。だから、ざっと畳むだけでOK、ということにしているわけです。料理でも、鍋やボールについた具材を1つ残らず取ろうとすると時間がかかるので、私はだいたい取れればいいことにしています。

　メールマガジンの誤字脱字のチェックも、ざっとしかしません。誤字脱字は、私以外の第三者の目でチェックしてもらったほうが見つかりやすいですし、それでも防ぎきれないものもありますから、読者の方に見つけてもらえばよし、ということにしています。

　2つ目は、**移動の時間をなるべく取らないようにする**、ということです。私は、移動時間は人生の中で非効率的な時間の1つだと思

っているので、仕事でも遊びでも、移動時間をなるべく短くするように努めています。短くできないときは、なるべく時間のクオリティを上げるために、オーディオブックを聞いて情報収集したり、徒歩で移動するときはしっかりウォーキングしてカロリーを消費するようにしたりしています。新幹線や飛行機の中ではパソコンを開くことが多く、完全に仕事をする時間にあてています。

時間もお金のように積み立てる

3つ目は、**時間を1日単位で最適化しようとするのではなく、1年、3年、5年、10年単位で徐々に最適化していく**、ということです。どういうことかというと、仕事や家事、着替えや化粧などの身だしなみで、いつも何気なくやっているけど、実は時間を短縮できることは結構あります。それに気づいて短縮し、時間を少しずつ貯めて、未来の自由時間にするわけです。

最近、私が短縮したのは靴の紐を結ぶ時間です。私の足は幅狭なので、たくさん歩く日は紐を締めて足を固定できる紐靴を履くことが多いです。ただ、履くときも脱ぐときも手間がかかるので、いつもすごく面倒くさいと思っていました。その面倒から解放してくれたのが、ダイヤルでグルグルと紐を巻き上げるBoa式の靴です。しかも紐靴よりもフィット感が高いので、おかげでたくさん歩く日が増えました。

靴紐を結ぶのは、わずか数秒か数十秒の話でしょ、と思うかもしれませんが、その数秒、数十秒を蓄積すると、のちのち数時間、数十時間というまとまった時間になるわけです。**改善して短縮できるタイミングが早ければ早いほど、時間はどんどん蓄積されて、好きなことをたくさんできるようになります。**

　実際に、私は今51歳ですが、30代や40代から時間を蓄積してきたおかげで、趣味のゴルフや運動、旅行など好きなことに使うことができています。もちろん、60代以降も好きなことをたくさんしたいので、今もせっせと時間の蓄積をし続けています。まるで、お金の貯蓄の話みたいですが、感覚的にはまったく同じです。貯蓄するように、時間もあとあと楽になる使い方をするわけです。

　この3つを繰り返しやっていると、積立貯金のように「時間の積み立て」ができていくので、いくつになっても新しいことにチャレンジする時間を確保できます。ちゃんと積み立てていれば、失敗してもやり直す時間もあるわけです。だから失敗前提でいろんなことにチャレンジできるので、人生が楽しくなります。

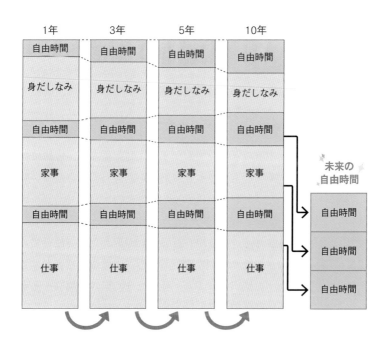

019 時間の片付けをして、快適な時間だけ残す

● ● ●

　片付けというと、自分の家や職場などの物理的な空間をきれいにすることをイメージする人が多いと思いますが、私は時間も片付けの対象になると考えています。特に、部屋をちゃんと片付けて、いらないものも断捨離したのに、それほど生活が好転していないと感じていたら「時間の片付け」をしてください。

　誰にとっても、1日は24時間です。その中で、**自分が不快で嫌だと感じることに時間を費やさないで、快適で嬉しくなることに費やす、というこの構成が、自分の幸せの総量を増やしていくこと**だと思います。

　例えば、満員電車を避けて時差通勤する。すでに実践している人も多いと思いますが、少しでも空いた電車に乗れるように、ルートを変えるのも手です。場合によってはバスを使ったり、思い切って自転車を使ったりするのもいいでしょう。人間関係では、一緒にいてつまらない人や不快な人とはつき合わない。楽しくて心地よい時間を過ごせる人とだけつき合うことを基本にしてください。

　食事が外食やコンビニのお弁当ばかりで体に悪そう、と感じているなら、自炊すべきです。シャワーだと疲れが取れないと感じていたら、入浴を。眠りが浅くて悩んでいるなら、よく眠れるように寝具を整えたりアロマを焚いたりする。仕事でも、デスク周りを整理することが、快適に作業できる時間を増やすことにつながると思います。

不要な時間や後悔する時間を1つずつやめていく

　ものの断捨離や部屋の片付けが、自分にとって不要なものや価値のないものを捨てて視界からどかす、ということであるように、時間の片付けも、自分にとって不要な時間の使い方や後悔するような時間の使い方を一つ一つやめていくイメージです。

　やりがいがない仕事やつまらない仕事の場合、やりたくない、と言っても通用しませんから、いきなりゼロにはできませんよね。ただ、自分が得意なことをアピールして、得意な仕事を増やしていくことで、やりたくない仕事を減らすことはできると思います。

「やらなくていいこと」を決める

・・・

　テクノロジーが発達して生活は便利になっているのに、私たちはなぜかやることに追われ続けています。しかし、時間もお金も、体力も気力も、すべてが有限です。それらを何に使うかということは非常に大事で、使うべきところではないところで使っている場合ではありません。使うべきところでのみ、使うべきです。

　使うべきところかどうかの見極めは、中長期的な目標や、こんなふうに過ごしたいというビジョンと照らし合わせて、プラスになるか、ということを考えるとすぐに判断できるでしょう。そしてプラスにならないものをやめていくと、プラスになるものだけが残ります。雑草取りのように一つ一つ摘み取って、捨てるイメージです。

　具体的にどういうことをやめればいいか、という例として、実際に私が「やらなくていいこと」にした事柄を紹介します。

　1つ目は、**テレビや新聞などのマスメディアを見ない**、ということです。その理由は029で後述しますが、マスメディアを見ないことで、見る人よりも2〜3時間は浮いていると思います。

　2つ目は、**SNSの通知はすべて切っている**。普段あまり見ないLINEの場合、メッセージをいただいてから2日くらい気づかないことも少なくありません。Instagramもたまにしか見ないので、ダイレクトメッセージをいただいてもすぐには気づけません。送ってくださる方々には申し訳ないと思いつつ、親しい人たちはメールアドレスや携帯電話の番号を知っているので、急ぎの知らせや重要な

連絡をとりこぼすことはないと考えています。だから、それ以外の連絡にわざわざ自分の時間を割く必要はないと思っています。

3つ目は、**外出中はスマホのモバイルデータ通信をオフにする。**電話はかかってきますが、MessengerやLINEなどのデータは受け取れない状態で、ネットサーフィンもできません。ネットサーフィンはついついしてしまうものですが、外出先までやる必要はないことに気づいて、あえて不自由な状態にしています。

買い物は店頭でしない、動画の編集もしない

4つ目は、**駅のエスカレーターやエレベーターを使わない。**きっかけは、運動のために階段を使うようにしたことですが、エスカレーターやエレベーターは人が並んでいることが多いので、その列に並ばずに済む分、時間が浮くわけです。

5つ目は、**買い物は基本的にネットでする。**店頭で買う理由があるもの以外、店頭では買わない。なぜそうしているかというと、ネットのほうが品揃えがいい上に安いものを選べ、圧倒的に時間とお金の節約になるからです。

6つ目は、**YouTube動画の編集を極力しない。**視聴者の方から「字幕をつけてください」とリクエストされることがありますが、やりだすとキリがなさそうなので、私は「やらなくていいこと」にしました。サムネイルは必ずつけていますし、編集に時間を使って配信数が少なくなるより、たくさん配信していろんな切り口でメッセージを出すほうが、より多くの人に伝わるだろう、と思うからです。

という感じで、「やらなくていいこと」を決めて、積極的にやらないようにしてください。そして、できた時間を、仕事や家事などのやるべきことや、趣味や運動などのやりたいことに使いましょう。

スマホフリーになれる
仕組みを作る

• • •

　スマホは本当に魅力的です。自分のSNSに「いいね」やコメントがついたり、好きなタレントや友達が何か投稿したりしたら、すぐに見たくなるものです。動画も見られて音楽も聴けて、ゲームもできる、最高のエンターテインメントマシンです。

　問題は何かというと、**スマホは与えられるものばかりで、自分が受け身になってしまう**ことです。子どものころ、テレビばかり見ていると頭が悪くなる、みたいなことを親からよく言われましたが、テレビをスマホに置き換えて考えるといいでしょう。テレビを見ないようにするために、テレビのスイッチを切りましたよね。それと同じで、スマホもできるだけ使わないようにすることです。

　私は家にいるとき、スマホをほとんど見ません。充電器につないだまま放ってあって、ほぼ手にしません。外に行くときは持っていきますが、留守電やSMS、家族のLINEなど、返事をする必要があるもの以外、基本的に通知はすべてオフにしています。FacebookとMessengerはよく使いますが、パソコンでも確認できるものなので、スマホの通知は重視していません。

　通知の仕方も、音やポップアップによる通知ではなく、アイコンのところに通知数が表示されるアイコンバッジだけにしていて、自分がスマホを使っているときだけチェックしています。そうすると、通知が来たからチェックさせられる、ということがなくなります。

　あと、電話は原則的に留守電にしています。スマート留守電という月額300円ぐらいのサービスを利用していて、留守電が入ると音声ファイルと、音声を文字に起こしたテキストファイルが送られてくるので、電話がかかってきても出る必要がありません。ではいったい、スマホを何に使っているのかというと、主に私は読書用端末として使っています。

　移動中の電車やバスの中では読みますし、歩いているときはオーディオブックで"聞く読書"をしています。留守電やSMSのチェックは、1日にほんの数回、平均して2〜3回する程度でしょうか。**自分がスマホに対して受け身になって、作業を中断されたり邪魔をされたりするということがないようにしています。**

スマホのせいで効率が下がることも

　スマホはとても便利で、現代生活に欠かせないものですが、中毒性が高いことを忘れてはいけません。禁酒やシュガーフリーとは言いませんが、できる限り"スマホフリー"になれる仕組みを作ることをおすすめします。そうしないと、スマホがあるせいで手が止まって、仕事や家事の効率が下がりかねません。

　ちなみに、私はスマホの充電器を持ち歩きません。例外的に、動画をたくさん見るようなことがあっても、充電が切れるほどまで使わないからです。**充電できない状況を意図的に作ることも、使いすぎを防ぐ方法です。**

　もちろん、何か調べものをしたり、予約を取ったりしたいときなどは、積極的に使うべきものです。ポイントは、能動的には使うけれど、受動的に使わされないようにすること。それが、スマホと上手につき合うコツです。

夜型から朝型に変える
3ステップ

• • •

　私は中学生くらいからずっと筋金入りの夜型でしたが、3〜4年前から朝型に変わりました。いったい、どうやって移行できたのかというと、次の3つのステップがありました。

① 睡眠時間を確保する

　まず1つ目のステップは、**睡眠時間をちゃんと7〜8時間確保したこと**です。

　睡眠の大切さについては023で詳しくお話ししますが、5〜6時間だった睡眠時間を8時間に延ばし、早く寝ることにしました。以前のように、深夜に寝ると、7〜8時間確保のためには朝9時、10時、下手したら11時まで寝てなくてはいけなくて、仕事に大いに支障があるからです。朝はやっぱり6時か7時、遅くとも8時には起きていたくて、それで8時間寝ようとすると、自ずと夜11〜12時に寝ることになりました。

② 睡眠の質を高める

　睡眠の時間を確保するようになると、睡眠の質も気になりだしました。そこで、2つ目のステップとして、2017年ごろから**スマホの睡眠アプリで計測を始めて、翌年からはスマートウォッチに変えて**

ものすごく真面目に、毎日計測するようにしました。

　何時間寝たかということをはじめ、眠りが浅いレム睡眠と眠りが深いノンレム睡眠がどういうリズムで繰り返されているか、さらには呼吸の状態もわかって、質の良し悪しが100点満点中何点という形で表示されるわけです。その結果、ゴールデンタイムと言われる夜10時〜深夜2時の間にしっかり眠った状態だと、点数がいいことがわかりました。

　ゴールデンタイムとは成長ホルモンの分泌が活発になる時間帯で、その間に長く眠っているほど疲れやストレスが解消されて、体のメンテナンスが進みます。だから睡眠の質を上げるのに不可欠、という話なのですが、かつての私はその説をあまり信用していませんでした。

　ところが、実際に夜10時前後に寝ると、睡眠の質が上がっていい得点が出るようになりました。**体調も格段によく、ゴールデンタイムに寝ることの大切さを可視化できた**というわけです。こうして、努めて早く寝るようにしました。

③翌日の午前中に楽しい予定を入れる

　ただ油断すると夜ふかししそうだったので、3つ目のステップとして、早く寝ることを習慣づけるために、**翌日の午前中にワクワクするような楽しい予定をどんどん入れる**ようにしました。

　例えば、トランポリンの朝一のレッスンに行く、ゴルフのレッスンやコースに出るなど。そうすると、万全の体調で挑みたい一心で、早く寝よう、となるわけです。そのために夕食を早めにして、入浴は何時までに済ませようなど、就寝時間を守るためにいろいろ逆算することが身につきました。

夜に会食のアポが入るときは、以前は午後7時半や8時スタートでも平気でしたが、今は必ず午後6時か6時半スタートにしてもらっています。そうすると夜の9時台には終わりますので、家に帰って入浴して10時台には寝ることができます。

夜ふかしは「時間の借金」

結局、夜遅くまで起きているというのは睡眠時間を圧迫するだけではなく、翌日の午前中の時間を前借りのように使っています。つまり、お金の借金と同じで「時間の借金」をしているということ。このことに気づいてから、夜12時を越えてから寝るということがなくなりました。眠くてそこまで起きていられない、というのが正直なところで、遅くとも11時までに、早いときは9時台に布団に潜り込んでいます。

夜型から朝型に変えたいけど、なかなかできないで困ってる人は、ぜひこの3つのステップを順番通りにやってみてください。

特に、翌朝に楽しい予定をどんどん入れるのがおすすめです。1人でやるものではなく、誰かと一緒にやるものだと、相手に迷惑をかけられない、という気持ちから、より早く寝ようと思えるでしょう。そして、午前中に充実した時間を過ごすほど、夜型だといかに時間の無駄遣いになっていたか、ということに気づいて、もう戻りたくなくなるのです。

私のように30年以上夜型だった人でも朝型に変えられるので、ぜひやってみてください。ただし、魔法のようにすぐには変わりません。習慣として定着するまでに、私は1年以上かかりました。焦らず、気長に変えていこう、と思うことも大切かもしれません。

睡眠時間は7〜8時間
天引きして確保する

・・・

　睡眠を削ることは、命を削ること。

　私たちは起きている間に刻々と老化し、溜まった老化物質を睡眠中に洗い流すことで心身をメンテナンスしています。その睡眠時間が短いと老化物質を流しきれず、疲れやだるさが残り、集中力が落ちて仕事のパフォーマンスが下がったり、イライラして対人関係に悪影響を及ぼしたりします。

　さらに睡眠不足の状態が続くと、肌や髪などの状態が悪くなるだけではなく、高血圧や肥満、糖尿病、脳卒中、心疾患、ガン、うつ病など、現代人がかかりやすいすべての病気の原因になると言っても過言ではないとされています。

　つまり、睡眠をおろそかにすると、心身がすごい勢いで死に向かって進んでいくわけです。だいたい、3日ぐらい寝ないと幻覚や幻聴が起き始め、1〜2週間寝ないと死んでしまうそうです。

理想の睡眠時間は8時間

　昨今、国内外のあらゆるエビデンスが、現代社会における不調や病気の最たる原因は睡眠不足にあることを示しています。**最新の有力なエビデンスによると、睡眠時間は7時間台でも足りなくて、8時間台が理想だと言われます。**そのことを踏まえて、私は夜10〜12時の間に寝て、6〜8時の間に起きる、というパターンを基本に

しています。30代のころなど、多忙を極めていたときは寝ても5〜6時間でした。当時と体調を比べると、圧倒的に今のほうがいいことを実感します。

　どうやって、7〜8時間の睡眠を確保できるようになったかというと、スケジュールに睡眠時間を入れるなどして、**1日24時間から7〜8時間を天引きし、残りの16〜17時間で生活するようにした**のです。私は、お金の貯蓄法として、貯蓄分を給料から天引きして、その分は最初からないものとして生活する方法をおすすめしていますが、それとまったく同じやり方です。これも一種の優先順位づけで、自分の健康を守る上で睡眠は最優先事項にほかなりません。睡眠以上に優先することはないほど、睡眠は大事です。どんなに食事に気をつかって運動を習慣にしていても、睡眠が足りていなかったら台無しでしょう。

　ときどき、私はショートスリーパーで4〜5時間寝れば十分、という人がいますが、遺伝子的に短時間睡眠で問題がない人は1％いるかいないかだそうです。それ以外の99％の人が短時間睡眠にすると体を壊します。

　困ったことに、6時間くらい寝ると感覚的に十分で、睡眠不足という感じがしないものですが、集中力や注意力のテストをすると、6時間しか寝ていない人は8時間寝ている人に比べて、明らかに劣ります。本人は自覚できなくても、数字は能力の低下を示すのです。

浅い眠りでもＯＫ、昼寝をして補うのもアリ

　理想的な睡眠は、眠りが深くて朝までぐっすり熟睡できることですが、眠りが浅くて途中で起きてしまったら、もう1回寝てくださ

い。眠りが浅くても、睡眠を取ることが大事です。

　また、夜4時間とか5時間しか寝られなかった日は、5分でも10分でもいいので、昼寝をして補いましょう。特に、子育て中のお母さんやお父さんは、どうしても睡眠不足に陥りやすいものです。これはどうしようもないことなので、交代で昼寝をすることをおすすめします。

　仕事に追われて睡眠時間を削るしかない、という人も多いでしょう。それですぐ病気に直結するわけではありませんが、3年、5年、10年と続くと、大病というツケを払うことになりかねません。取り返しのつかないことになってからでは遅いので、人生の最優先事項として睡眠時間を確保するために、天引き法を実践してください。

3分以内でできることは積み残さずにやる

• • •

　私は、時間を有効に活用するために、3分以内にできることは積み残しをしないで、すぐやることにしています。

　例えばYouTube動画をアップロードするとき。撮影をしたら、サムネイルを作って説明文を書いてから、アップロードするわけですが、まとめてアップロードしようとすると、すごく手間がかかって面倒くさいことになります。

　なぜかというと、まず、まとめてアップロードすることを覚えておくために、メモをしなくてはいけません。また、1日、2日経つと、動画をどのドライブの、どのフォルダに入れたんだっけ？　とすぐにわからなかったり、ひどいときは動画を見直さないと内容を思い出せなかったりして、アップロードする状態までに3分ぐらいかかってしまうのです。それなら撮った直後にサムネイルを作って、アップロードしたほうがいいわけです。サムネイルを作る、説明文を書く、アップロードする、というこの3工程はだいたい3分程度で終わります。

　どんなことでも、やった直後なら大した手間もかからず頭も使わずにできることも、いったん時間を置いてあとですると余計な時間がかかってしまいます。だから私は、仕事のメールも、基本的に開封したらすぐに返信します。仕事柄よくある原稿確認も、1冊分の書籍の原稿確認は時間がかかりますが、それ以外のインタビュー記事などはだいたい3分以内に読めるので、すぐ読んで訂正箇所があ

れば指示を入れ、訂正がなければ、このままでよろしくお願いします、と返信します。

仕事も家事も細かい作業は3分以内で済む

　すぐできないことに関しては、Google Keepというアプリの中に、To Doリストを1件1件付箋で貼っています。それで、手が空いているときに見返して、やり終えていることは外したり、新たに自分がやることを見つけたりします。当たり前ですが、やらない限りTo Doとしてずっと存在し続けるので、その数ができるだけ増えないように逐次処理を心がけているわけです。

　逐次処理をしないで積み残すと、Google KeepのTO DOリストを見るたび、心が重くなります。積み残しをすればするほど、これもあれも、それもどれもやらなくちゃいけない、と重くのしかかってきて、うっかり遊びの予定の前に見たりすると、遊びを心から楽しめなくなることも……。そうなるのが本当に嫌なので、逐次処理を常としているのです。

　1時間あったら、3分以内にできることを最低20件はできます。20件って、相当な仕事量ですよね。仕事でも家事でも細かい作業や用事というのは、すぐやれば3分程度で終わることが多いと思います。

　今まで意識していなかったという人も、ぜひ細かいことは3分以内に終わらせるようにしてみてください。どんどん作業効率が上がって、時間をかけずにできることが増えると思います。洗濯物も1回ずつすぐに干せば、3分以内で済みますよ。食器洗いも1人分、いや2人分でも、1食ごとに洗えば3分以内で済むでしょう。いずれも、後でまとめてやると、とんでもない手間がかかるのでご注意を。

1日3時間労働を目指す

• • •

　睡眠時間は023に書いた通り、7〜8時間、できればしっかり8時間取るのが理想的です。睡眠時間の次に確保すべきは、運動する時間です。私は、1日1時間じゃ足りないと思っています。健康を維持する、もしくは増進するために、2時間は必要だと思っているので、そうすると、残業が入ったらアウトです。

　一時期私は、午前中にトランポリンのジムに行っていましたが、トランポリンのクラスは1回45分です。その後仕事をして、夕方の仕事の終わりに、ゴルフ練習場に寄って50分打ったとしても、1日の運動時間は2時間に届きません。移動の際や昼食後にウォーキングするなど、何かしらの運動を加える必要があるのです。

　8時間の睡眠時間＋2時間の運動時間＝10時間。1日24時間から10時間引くと、残りは14時間。ここから食事や入浴、通勤などの時間を引くと、労働時間はおそらく8時間がMAXで、できれば7時間から6時間にしないと1日は回りません。

6時間労働でも長い

　スウェーデンでは、国を挙げて1日6時間労働を推奨しています。6時間労働の根拠は、25年にわたる実験の結果、もっとも生産性が高い労働時間が6時間であることがわかったからです。ほかにも、6時間労働だと、社員の満足度が高いことや、離職率が低くな

ることが明らかにされていると言います。

　私は、6時間労働でも長いと思っています。毎日自炊をして、家をきれいに片付けておきたいと思ったら、仕事に6時間も費やしていたら困難だからです。そこで私は、1日3時間以内で仕事を済ませることを目標にしています。

　私の場合、3時間以上働くと、家が散らかって荒れ始める印象があります。ひたすら集中して、クタクタになるほど働いても、6時間ぐらいです。逆に言うと、クタクタになるほど集中して働けるのは6時間が限界ということ。**限界まで働くのはたまにならよいですが、毎日することではありません。できるだけ短い時間で済ませて、残りの時間は運動や自炊、片付けなど、自分の体と心がより快適で、より充実するための物事にあてるほうがいい**と思います。

　そもそも、日本で8時間労働が法制化されたのは戦後で、労働基準法の運用が始まったのがきっかけでした。当時、工場などでの過酷な長時間労働が問題になっていた背景があり、8時間労働を上限にする、としたようです。それがいつしか、8時間は働かなくてはいけない、と解釈されるようになってしまい、これは、明らかな間違いなのです。

　したがって、8時間労働がいい、という数字にこれという根拠はありません。さらに時代をさかのぼって、江戸時代の職人さんや武士、それ以前の人たちは8時間なんて働いていませんでしたから。

　現代において、生活習慣病の罹患率が増えたのは働きすぎが主な原因ですし、お酒やタバコ、カフェインなどの嗜好品に依存する人の増加も、働きすぎによる疲れを癒やしたいがためでしょう。つまり、8時間労働は私たちの健康を損なう悪習慣と言えるのです。

　繰り返しますが、8時間睡眠を取って2時間運動して、さらに自炊をして食事を摂って部屋の片付けをし、その上家族との団らんや

友達とつき合う時間も作る、となるともう、8時間労働はあり得ないぐらい長いです。もはや非人間的なレベルと言っても過言ではないと思うほどです。これからは日本も、スウェーデンのように、社会全体の中長期的な目標として、労働時間を6時間とか4時間とかに縮めていく方向になると考えています。

　会社員でも、テレワークという選択肢が定着しつつあると思います。自営業者は、自由に労働時間を短縮する働き方を模索できますし、会社経営者も生産性と社員の健康を考えて、労働時間の短縮を目標にするべきでしょう。実際に、自分の体と心の健康を保ちながら、かつ、仕事に集中して成果を出そうとしたら、本当に3時間の労働時間が理想で、6時間が限界になるのです。

8時間働くよりも、8時間寝るほうが当たり前

　8時間働くのは当たり前ではなく、8時間寝るのが当たり前だと考えてください。運動時間も2時間とって、残った14時間を家事や家族の団らん、労働時間に割り振る、という考え方をしてみてください。きっと、今後の社会全体の流れと一致すると思います。

　私は現在1日平均3時間労働ですが、もうちょっと縮めたいと思っています。目指しているのは、**効率化の工夫をせずにただ8時間働くのではなく、3時間でそれ以上の成果を上げる働き方**です。評価対象は本来、労働時間ではなくアウトプットでするものです。短時間労働でもアウトプットのクオリティが高ければ、何も問題ありません。会社員の場合、そこまで割り切れないかもしれませんが、会社員でも、実はいろいろな働き方ができます。もはや、前例がないから、ほかにやっている人がいないから、というのが、できない理由になる時代ではないと思います。

Chapter
3

インプット・
アウトプットハック！

〈情報を正しく取捨選択しよう〉

〈インプット〉

正確で信用できる情報は
人から集める

● ● ●

仕事や趣味などで知りたい情報を集めるとき、私が重視しているのは信頼できる人からの情報です。

情報には3種類あって、自分が実際に体験したことが1次情報、信頼できる人の体験談が2次情報、テレビやネットなどのメディア情報は3次情報になります。できるだけ1次情報を、と思いますが、1人でどんなに頑張っても手に入る情報量は限られています。だから、2次情報を重視するのです。知人、友達、仕事仲間から聞いて、なるほどと思ったことや、なんかよさそう、と思ったことは、たいてい実行します。

最近の具体例を挙げると、2019年の春にYouTubeチャンネルを開設したのも知人のすすめがきっかけでした。そのとき、どういう内容だと多くの人に受け入れてもらいやすいか、ということを1時間近くレクチャーしてもらいました。動画撮影に使っているマイクや照明も、それぞれ別の知人から教えてもらったものです。

MEZON（メゾン）という美容院の定額制サービスを利用し始めたのも、友達が利用していてすすめられたからです。

こういう話をすると、勝間さんだからいろいろ教えてもらえるんでしょ？　と言われますが、違います。私は、この知りたいことは人に聞くという方法を、小学生のころから実践しています。この方法が自然と身についたのは、11歳、10歳、8歳離れた姉と兄がいて、彼らになんでも聞いて育ったからだと思います。

受かり方は、受かった人に聞くのが一番

　19歳のとき私は公認会計士試験に1回で合格しましたが、どうやったかというと、答えは超簡単で、**受かった人に受かり方を聞きに行きました**。公認会計士を目指すとき、多くの人が専門学校に入りますが、1クラス40〜50人いて、そのクラスの中から年間数人しか合格しないということは、学校のやり方通りにやっても受からない、ということです。一から勉強を始める人同士で、そんなに能力差があるはずがないので、学校のやり方に問題がある、受かった人に受かり方を聞いたほうが話が早い、と思ったわけです。

　実際に話を聞いたのは、11歳上の姉に紹介してもらった方でした。当時私は高校生で、相手は初対面の社会人。平日にその方のオフィスを1人で訪ねて、こういう勉強の仕方をするといいよ、と教わりました。そのときに教わったのは30年以上前の勉強法で、試験制度も変わっているので、今も通用するかはわかりませんが、当時言われたのは、とにかく簿記だけ一生懸命やってください、と。専門学校では7科目ぐらいを一斉に同時に進めますが、それを無視してとにかく簿記をやるといいですよ、と言われ、その通りにやったら本当に1回で受かりました。

　その後、SNSがパソコン通信と言われていた時代から、パソコン通信を通じて面白い人がいたらすぐにつながって仲良くなり、情報交換しています。最近では、ブログのコメント欄でも、新しい情報を教えてもらうことが増えました。私が主宰する勝間塾には、高校生から70代の方までの多種多様な人たちがいて、彼らの体験談も貴重な情報源になっています。やはり、その人自身が体験したことというのは、信頼性や正確性においてメディアの3次情報と一線を画すると思います。

027 〈インプット〉

ネガティブな情報に
過剰反応する理由を知る

• • •

　ネガティブなニュースばかり続くと妙にドキドキして、落ち着かないものです。でも、私たちがなぜネガティブなニュースに反応しやすいか、という仕組みを理解できると、少し冷静になれると思います。

　私たち人間の最優先課題は何かというと、まず自分が生き残ることで、次が自分のDNAを受け継いでいる子孫が生き残ることです。それらが難しければ、最低限、人間という種が生き残ることが課題になります。

　さまざまな情報を得るときも同じで、**自分が生き残れること、自分のDNAを受け継いでいる子孫が生き残ること、最低限人間という種が生き残れることに関わること**を気にします。

情報に対してどこまで反応したらいいのかを考える

　そのときに起きがちなミスというのが2つあって、1つ目のミスは何かというと、本当は人間にとってものすごい脅威だけれど、それを大したことがないとタカをくくり、私たち人間が死んでしまったり、絶滅してしまったりするというミスです。

　2つ目のミスは逆で、本当は大したことがないことを、ものすごく大変、大変と言ってやたら怯えることです。そして、この2つのミスを比べたときに、どっちのほうが問題かというと、1つ目の大

したことはないとタカをくくってしまうミスです。

　新型コロナウイルスに関することが典型的で、全貌が明らかにならないうちから、とてつもない脅威として行動したほうが、自分自身や子孫、人間という種全体の生き残りに役に立ちやすいので、買い占めが起こるほど大騒ぎになったわけです。ある意味、**過剰反応するのは脳の司令で、これは私たちのデフォルト**なのです。

　そのとき、ただ過剰反応するだけではなく、過剰反応していることを受け止めて、その自分を「もう1人の自分」で観察してみてください。それでも、過剰反応し続けたいと思ったら、無理に止める必要はありません。そうではなくて、過剰反応する自分に疑問が少しでも芽生えたら、さまざまな情報に対して、どこまで反応したらいいのか、ということを考えてみてください。

　そうすることで冷静さを取り戻せて、情報の取捨選択ができるようになり、不用意に振り回されることがなくなるでしょう。そして、本当に自分がすべきことが見えてくると思います。

〈インプット〉

本を速くたくさん読むための3つのコツ

• • •

本をもっとたくさん読みたいけれど、読むスピードが遅い、時間が足りない、買ったはいいけれど積み上がって「積ん読」になるばかり……。

そんなふうに、なかなか本を読めなくて悩んでいる方へのアドバイスが3つあります。

① 全部読もうと思わない

まず1つ目。これが一番大事なのですが、本に書かれている内容を**全部読もうと思わない**でください。もしくは、全部覚えようと思わないでください。

本1冊の文字数はだいたい7万〜12万字なのですが、それよりも少ないと、本として成立しないので出版できないんですね。だから、本当にいいアイデアと情報は5000〜1万字しかないのに、それを何倍にもふくらませて、7万〜12万字にしている本が結構多いのです。

もちろん、たくさんいいアイデアと情報が詰まっている本もありますが、内容が詰まりすぎると、意外と読みにくかったりもします。それでも無理して全部読もうとすると、途中で断念しかねません。だから、全部読もうと思わないことが大事です。気になる章から読んで構いません。

　また、最初から、順々に読む必要はありません。いっぺんに読むこともなく、目次を見て、今日は面白そうだと思うところだけ読んでおこう、という読み進め方でOKです。

② 1 行 1 行熟読しない

　2つ目は、速読術を実践している人はご存知だと思いますが、**1行1行熟読しなくていい**、ということです。

　日本人だったら、日本語で書かれた文を3～4行いっぺんに見れば、だいたい理解できると思います。慣れてくると一度に理解できる量が増えていきます。私はいつも1ページの半分ずつ見て、だいたい理解する形で、バンバン読み進めていっています。

　1行1行熟読すると、1分間で500～600字ぐらいしか読めません。そうすると、1冊10万字の本だったら、読み終わるまでに3時間前後もかかってしまいます。ノンストップで3時間ですから、実際はもっとかかるでしょう。限られた休日に、そんなに時間を割きたくありません。気合いを入れて読み出しても、途中で必ず寝てしまいます。

　となると、読み終わるまでに1カ月かかる、みたいなことがザラになります。でも世の中に、1カ月かけて読みたいほどの良書は大してないと私は思っています。

　本は、本当に気になって、どうしてもここは知りたいなと思うところだけ、止まって真剣に読めばいいわけです。斜め読み、という表現がありますが、そのほうがよいのです。自分が気になることが見つかるまでは、どんどん飛ばしてサッサッサッサッと斜め読みをしてください。

③読むのではなく聞く

　3つ目は、**本はもう読むのではなく聞いてしまう**、ということです。私はKindleストアで本を買ったら、Android 端末やFire 端末に読み上げさせて、聞いています。外出先では、読み上げさせたものをICレコーダーに録音して、それを聞きます。骨伝導ヘッドホンを使うときは、Androidのトークバック機能で聞けるので、録音する必要がありません。いずれにしても、聞くタイミングで一番多いのは、歩くときです。

　歩いているときは、すごく暇です。私は1日1万歩以上、多いと2万歩歩いていて、時間にすると1〜2時間。その時間を有効活用しない手はなく、日本語で書かれた本なら、2〜3倍速にすると2〜3時間で聞き終えられます。分厚い翻訳本の場合でも8〜9時間で、かかっても2〜3日で聞き終えます。

　この歩いている時間に聞く読書をすると、読書スピードはすごく上がります。聞いているだけで理解できるの？　と思うかもしれませんが、大丈夫です。わからないことがあったら、kindle端末を開いて目で確認できます。

　読書の最大の敵は何かというと、完璧主義です。せっかく買った本だから全部吸収したい、という気持ちはわかりますが、いっとき覚えたところで、どうせあとで忘れます。

　本を読む醍醐味は何かというと、このアイデアだけ覚えておけば十分だ、というポイントを見抜くことです。それを「キーアイデア」と呼びますが、そのキーアイデアを読み取ることに集中して本を読んでみてください。そうすると本の読み方が今までとはガラッと変わると思います。

029

〈インプット〉

テレビのニュースは見ない

・・・

以前から、私はメルマガやYouTubeチャンネルなどで、マスメディアをほとんどまったく見ないことを公言していますが、そのつど驚きの反応があります。同時に、どうやって情報を入手しているのか、と質問されます。

うちにはテレビもありますし、新聞もとっていますが、それらを見る時間は1日で5分もありません。特にテレビのニュースは意図的に遮断しています。

その理由は何かというと、マスメディアの情報というのは遅くて、歪んでいる、すなわち**私たちの恐怖心や猜疑心をあおるものや、悲しみや怒りを増幅させるものばかり強調されて報道される**からです。

例えば、交通事故のニュースがあるとします。ニュースとしてクローズアップされるのは、罪もない高齢者があおり運転の犠牲になったとか、飲酒運転で子どもが死んだ、ということだけです。高齢者に道を譲ってあげたおかげで事故を防げた、とか、みんなで連携して急患の子どもを病院に運んだ、というニュースは一言で済まされるか、流れません。

『FACTFULNESS（ファクトフルネス）―10の思い込みを乗り越え、データを基に世界を正しく見る習慣』（日経BP）という本に詳しく書かれているのですが、実は、私たちの世界は、昔に比べるとどんどんよくなっています。世界的に衛生状態も食料状態もよくなってい

ます。交通事情も改善されて、殺人事件も減るなど、ありとあらゆることがよくなっているのです。

　でも、ニュースだけ見ていると、その逆で、ありとあらゆることが悪くなっていくように感じます。所得の格差が進んで、少子高齢化に歯止めはかからず、年金は消えるなど、悪いほうばかりが目立ちます。これはなぜかというと、そうしないと視聴率が取れないからです。

ネットに飛び込んでくるニュースを情報源に

　私たちは、世の中の恐ろしいことや裏切り、不正などはすごく知りたいと思いますが、他人の喜びや楽しみについては、そんなに興味を持ちません。

　例えば、誰かの噂話をするとき、あの人はすごくいい人なんだよ、と褒めることと、なんか感じ悪いよね、などと悪口を言うことと、どちらが多いですか？　残念ながら、きっと悪口のほうではないでしょうか。それは仕方のないことで、生きていく上で、いい話を聞くよりは、悪い話の情報をたくさん手に入れて、警戒心を抱いたほうが死ににくいからです。

　私たちのバイアスは、常に悪いニュースを聞こうと思って働きます。いっぽう、ニュースを流すテレビ局は視聴率を稼ぐために、悪いほうへ悪いほうへニュースにバイアスをかけて、私たちを扇動しようとします。だから、私はテレビのニュースを意図的に見ないのです。

　では、どうやって世の中のニュースを入手しているのかというと、1つはネットに飛び込んでくるニュースを情報源にしています。**現代において、TwitterやFacebookやLINEなどのSNSを利用**

していれば、重大ニュースが飛び込んでこないことはありません。逆に、マスメディアで全然報道されてないことも、SNSに教えてもらうことがあります。ある事柄について「実はこうらしい」という話が複数ルートから入ると、だいたい真実はどこにあるか、ということがマスメディアのニュース以上にわかることもあります。

　本も大事な情報源です。私はすきま時間があれば、本を読むか聞くかしています。1日に2〜3冊読むのを目標にしていて、選ぶ基準はなく、目についたものを片っ端からすべて読みます。あとは、直接人から得る情報も重視しています。

　繰り返しますが、世の中にニュースとして流れるものは私たちの恐怖心や猜疑心をあおるものが中心で、実は中正なものでもなんでもありません。そういうものに振り回されたくないなら、マスメディアを遮断することをおすすめします。

年収がアップする勉強をする

• • •

　みんながしているからという理由で、英語を話せるようになれば年収が上がるんじゃないか、プログラミングの資格を取れば年収が上がるんじゃないか、と思って勉強していませんか？

　私たちは学生時代にずっと、勉強すれば成績が上がる、ということを経験してきているので、それと同じように、勉強すれば年収が上がる、とつい考えがちです。が、残念ながら、それは幻想です。単に勉強だけしても、年収は上がりません。

　まず考えるべきは、年収が上がる仕事にはどんなものがあるか、どれくらい出世したら思い通りの年収を得られるか、ということです。そして、それを叶えるために、**自分に足りないスキルや資格を見極めて勉強する**、というのが、年収が上がる勉強法です。

　もし今勉強していることがあったら、本当に年収を上げるために必要な勉強なのか、あるいは、どうやって仕事に活かしたら年収が上がるか、ということを考えてみてください。そこがリンクしていないと、思い通りの成果は得られません。同じ会社で同じポジションの人と、同じスキルや資格を身につけても、あまり年収は上がらないわけです。出世できるスキルや資格を身につけるか、転職や副業という変化が必要になります。

　そもそも、人がお金を出すのは、自分ではできないけど、お金を出すと可能になる場合です。誰でも、自分ができることはほんのわずかで、大半のことは誰かにやってもらいますよね。その、やって

もらうことに対してお金を支払うのが市場取引で、市場取引の中で役立つスキルや資格であればあるほど、お金をたくさん生み出せるわけです。

前々から私は、お金は「感謝の表れ」と言っていますが、いかに人からありがたいと思ってもらえることを提供できるかが、年収が上がるカギなのです。

万人向けの勉強法は存在しない

スキルや資格の身につけ方には、学校や講座に通う、独学するなどいろいろあります。その中から自分にピッタリの勉強法は、自分でリサーチして調達するしかありません。なぜなら、**人それぞれ性格も違えば、もともと持っている素質も違うので、万人向けの勉強法というのは存在しない**からです。

私の大学院の後輩で、デイトレーダーで何十億円も稼いでいた人がいて、彼がどうやって勉強したのかというとメルマガを活用することによってです。それもわりと安めの有料のメールマガジンで、そこに書いてあったことをただひたすら愚直にやった、と言っていました。

生命保険のトップセールスパーソンにも何人か知り合いがいますが、彼らはいろいろなセミナーに行って、少しずつ自分のスキルに磨きをかけている印象があります。

くれぐれも、勉強しただけで満足しないことです。得たことは必ず実践しましょう。実践しながら試行錯誤を繰り返すうちに、それが少しずつ成果につながり、市場から求められるサービスに成長する、すなわち、年収アップにつながるわけです。あぁ、いい勉強になりました、ということで終わらせないようにしましょう。

インプット

英語を勉強して、より希少な人材になる

● ● ●

　日本で生活していて、たまに海外旅行に行く程度なら、英語はそこまで必要ではありません。今は自動翻訳機やアプリがあるので、そんなに不自由しないと思います。

　不自由するのはどんな場合かというと、仕事を選ぶときです。日本語しかできないと、日本企業という枠の中からしか仕事を選べません。ところが、英語ができるようになると、日本企業以外の外資系企業の中からも選ぶことができます。すると何が起こるかというと、給料が上がります。

　どういう仕組みかというと、例えば経理の人を雇おうと思った場合、日本語が話せる経理の人はたくさんいます。でも、日本語も英語も話せる経理の人は少ないわけです。その比率は、どのくらいだと思います？　10対1ではきかなくて、おそらく100対1ぐらいになります。

　日本語しか話せない経理の人の給料が25万〜35万だとしたら、日本語も英語も話せる経理の人の給料は45万〜50万円になるでしょう。統計上、給料は少なくとも1.4倍ぐらいになって、2倍近くになることも少なくありません。

　これはなぜかというと、日本企業というのは国内のみでの過当競争になるので、世界的に儲かっていない企業が多いからです。それに対して、外資系で日本に来ている企業というのは、それなりに儲かっていますから、給料を高くしても会社全体が回ります。したが

って、自分の給料を上げようと思った場合、一番簡単なのは英語を話せるようになって、より希少な人材になり、外資系で働くということになります。

とりあえずTOEICで700点を取る

とはいえ、なかなかそこまで英語をマスターする自信がない、という人がほとんどだと思います。**それでも給料がいい外資系で働きたいという人におすすめなのは、とりあえずTOEICで700点ぐらい取るということです。**700点あると、なんとか外資系に潜り込めるので、700点を取って潜り込んでしまうのです。それで必要に迫られたら、死ぬ気で勉強すればいいのです。何を隠そう、私自身がそうでした。うっかり外資系に就職してしまったために、朝、昼、晩とずーっと英語を聞いていました。職場ではもちろん、行き帰りの通勤電車の中でも、家でご飯を作っているときもずーっと、です。当時は、生きるために英語を学ぶしかない！　という心境でした。

英語は話せないよりは話せたほうがいいとか、何かで役立つかもしれないからという動機で、週1回英会話のレッスンを受けるという程度では、正直に言って3年経っても5年経っても話せるようになりません。必要性の高さと上達スピードは比例しているので、英語が必要な環境に身を置くのが一番手っ取り早いのです。

ちなみに、英語を話せるようになるために私がもっとも重視しているのは、英語をシャワーを浴びるようにたくさん聞くことです。英語は、考えて話すのではなくて、無意識に話せるようにならないとつらいです。私たちが生まれてから2〜3歳ごろまで日本語を聞き続けたのと同じように、英語もまず聞き続けることです。そうやって英語を蓄積することが、無意識に話せるようになる近道です。

単語数を7000語に増やして、英語力をつける

・・・

　週1でオンライン英会話をやったり、英会話学校に通ったりしているのに、なかなか実用レベルの英語を話せるようにならない、と悩んでいる人は多いでしょう。その理由は、実は簡単です。知っている単語数が足りなすぎるからです。

　英語を話す、聞く、読むということをほとんど問題なく行うためには、約7000語の単語数が必要です。 7000語を覚えていればビジネス英会話で困ることもそんなになく、レベルを上げて1万語覚えると、スムーズに理解できるようになります。1万語知っていればTOEICで満点近くまでいくでしょう。さらに増やして1万5000語覚えると、ネイティブの人と同じように話したり、英語の本も日本語の本のように読めたりします。

　だからまず、7000語覚えることを目標にしてください。できれば、それを正しく発音できるようにしましょう。ボキャブラリーのテストは、Webにいろんなものが上がっています。どれでもいいので、1つやってみると、自分の今の単語数がわかると思います。

　その上で、単語数を増やしていくわけですが、受験勉強でしたように単語帳を作って1つずつ覚えようとしても、なかなか覚えられません。私のおすすめは、**オーディオブックを聞いたり英文を読んだりして、わからない単語が出てきたら、前後の文脈から推測する**、というやり方です。私が昔よくやっていたのは、洋画を英語の字幕で見ることです。聞き取れない単語は字幕を見ればわかり、そ

れが知らない単語でも、映像や文脈から何を意味しているのか、と
いうことがわかります。日本語版を読んだ本の、英語版のオーディ
オブックもよく聞きました。『チーズはどこへ消えた？』(扶桑社)
や『7つの習慣』(キングベアー出版) など、とにかくひたすら繰り返
し聞くわけです。もともとの日本語の文章をよく知っているので、
それに対してどういう英単語が割り当てられているのか、というこ
とを聞き取ることから単語力がつくわけです。

英英辞書を使って積み上げるように覚える

　私はたまにKindleで英語版を読みますが、そのとき、ワードワイズ
という英英辞書機能をオンにすると、難しい単語の上に、平易な英単
語で意味が表示されます。この機能は自分のレベルに合わせて設定で
きて、私の場合、5段階中上から2番目がちょうどいい感じです。それ
以下にすると、やたら意味が表示されて読みにくく、だからといって
一番上にすると知らない単語にも意味が表示されなくなるからです。

　**そうやって読み進めることで、英語をいちいち日本語に置き換え
ないで、英語を英語で理解する力がつきます。その結果、単語を積
み上げるように覚えることができます。**1000語を覚える中で、次
の1000語を覚えることにつながって、それがさらなる1000語につ
ながって、結果7000語になる、というイメージです。そうやって
まず、単語数を増やしましょう。英会話のレッスンを受けるより、
先にすることをおすすめします。

　これはどんなことにも言えますが、英語の勉強も、目標を立てて
やってください。例えば、TOEICで絶対○点取る！　昇格試験に
パスするぞ、外資系の会社に入りたい、など。なんでもいいので、
明確な目標を立てるとモチベーションを維持しやすくなります。

アウトプット

大事なことだけを
取捨選択して、繰り返し話す

・・・

　ときどき、自分が考えていることを上手に話せないんですが、どうしたらいいですか？　と聞かれることがあります。YouTubeチャンネルの視聴者からも、考えていることを上手に話すコツを教えてください、といった質問が寄せられます。

　まず、前提が間違っています。**私も含めて、ほとんどの人は、自分が考えていることを100%上手に、言葉で言い表すことはできません。**まず「できない」ということを前提にしてください。その前提に立って、考えていることが100あるとしたら、そのうち5や10しか言い表せないのはさすがに悲しいから、30か40、できれば50か60は相手に伝わるようにしよう、と少しでも100に近づく努力をする人が、考えていることを上手に話せる人だと思います。

　もっとも、考えている100のことを全部伝える必要はありません。100を100のまま話すと、相手は聞くだけで精いっぱいになって理解が追いつかず、消化不良になってしまいます。**100のうち、この部分だけは相手に伝えたい、ということを厳選して、その部分は丁寧に、相手に届けるように話します。**

　伝えたいことは、何回か繰り返すのがコツです。話し言葉というのは、1回聞いたぐらいでは聞き流してしまうものです。だから手を替え品を替え、3回、4回と繰り返し話すことで、聞き手はやっと立体像をもってわかってきて、この人はこういうことを言いたいんだな、という理解につながるわけです。

スマホの音声入力を使うと上達する

　考えていることを上手に話せるようになるにも、トレーニングや経験が必要です。まったくバスケットボールをしたことのない人が、いきなりダンクシュートを決めることはまずありません。マラソンをしたことがない人が、フルマラソンを完走することもないでしょう。それと同じように、話すこともいきなり上手にできるものではないのです。私が講演でもYouTube動画でも、原稿なしでぶっつけ本番で話せるのは、ずっと話すことを仕事として行っているからです。

　ほとんどの人は、普段の会話は気をつかわないでできます。ところが、会議でのプレゼンやスピーチになると途端に緊張するのは、不特定多数の人にわかりやすい言葉で、わかりやすい話し方で話す、という訓練をしていないからです。

　そして1つ、ものすごくおすすめの練習方法があります。それは何かというと、スマホの音声入力です。iPhoneの人はSiriが、Androidの人はGoogleの音声入力機能がついていると思います。それらを使って、メールやLINE、SNSの投稿を音声入力でしてみてください。音声入力をするときは、はっきりと、わかりやすい言葉で話さないと認識されません。ゆっくりすぎても、難解な言葉もNGです。

　音声認識エンジンは、私たちの言葉を集めて作ったビッグデータなので、それが認識するということは、広く一般の人にとっても聞きやすい、ということになるのです。

　自分が考えていることを上手に話せるようになりたい人は、ぜひスマホで音声入力する機会を増やしてください。話し方だけではなくて、自分の頭の中にあることをその場でパッと言語化する訓練にもなります。

〈アウトプット〉

相手を見ながら、はっきり、しっかり話す

・・・

　私がテレビに出始めた当初の話し方は、本当にひどいものでした。2010年ごろに、NHK Eテレの「知る楽　仕事学のすすめ」という番組で、いろんな人にインタビューをしたのですが、本当に下手くそでした。早口だし、何を言っているかわからないし、身振り手振りをする余裕もまったくありませんでした。それがアナウンサーさんから直接指導を受けたり、トレーニングを重ねたりして、やっと初対面の方にも聞き返されることなく、通じるようになりました。そのコツは2つあります。

相手の顔とリアクションを見ながら話す

　1つ目は、**相手の顔とリアクションを見ながら話す**ということです。自分が話す内容に、相手はウンウンとうなずいたり、へぇ？と感心しながら聞いてくれます。それをちゃんと見ながら話すと、早口になりすぎず、言葉と言葉のつぎめに自然と間が入ります。相手のリアクションに対して、アイコンタクトを送り返しながら話すことでも、いい間が取れると思います。

　私はYouTube動画を撮るときも、カメラに向かって話していると思っていません。カメラは人の顔だと思っていて、そこの後ろにはたくさんの人がいると思って話しています。そうやってバーチャルの視聴者を思い浮かべると、自然とゆっくり話せます。

自分の息を遠くに届けるように話す

2つ目は、アナウンサーさんから教わったことですが、**自分の息を遠くに届けるように話す**ということです。話す言葉というのは声であり呼吸ですから、それを口の中に留めるのではなくて、遠くに飛ばすように話をするのです。そうすると何が起こるかというと、声が大きくなると同時に、口をちゃんと動かして話すようになります。**特に「あいうえお」の母音は大げさなぐらい口を開けて言わないと、なかなか相手のほうまで届きません。**息をしっかり吸って、しっかり吐きながら、しっかり口を動かしましょう。

この2つを意識するだけで、相手に対してより聞き取りやすいテンポ、より聞き取りやすいボリューム、そしてより聞き取りやすい口の動かし方で話を届けられるようになります。

可能であれば、話しているところを自撮りして、再生してチェックしてみてください。その際は、バーチャルの相手を想像することを忘れずに。いつも通り話しているものと、この2つのコツを意識して話しているものの両方を撮って、見比べると差がわかりやすいと思います。そして、もうちょっと間を取るようにしようとか、口を大きく動かすようにしようなど、改善を重ねていくと、はっきり、かつ、しっかりとした話し方に変わります。

原稿を用意せずに、
アガらずに話すコツ

・・・

　私が、YouTube動画では原稿なしで話していると言うといろんな人に驚かれますが、どんなスピーチでもプレゼンでも、3分、10分、1時間といった時間の長短に関係なく、原稿がないほうがいいと思っています。

　なぜ、原稿を用意しないほうがいいのか。**原稿を用意して、言いたいことを細かく決めれば決めるほど、それに囚われて自由に話せなくなってしまうからです。**

　物事というのは、なんでもキメキメにして、自由度がなくなるとスムーズにできなくなります。例えば、点を線で結ぶとき、3つや4つの点を通って一筆書きにするのは簡単ですが、50個の点をすべて通って一筆書きにするのは難しいですよね。というか、必ずいくつか抜け落ちるので不可能です。

　スピーチやプレゼンもそれと同じで、原稿があるとその一言一句を洩らさないようにするため難易度が上がるのです。むしろ、これだけは伝えたいというキーメッセージを3つか4つに絞って、それだけ頭に入れて話したほうが、萎縮せずにスムーズに話せます。

　どうしても原稿がないと話せない、という人は100%を目指しすぎているのでしょう。あれもこれも伝えなくちゃいけない、という思いから原稿にまとめて洩れがないようにするものですが、残念ながら、聞き手の頭にすべて残ることはありません。数分の短時間のスピーチやプレゼンでも、記憶に残ることは限られています。

　だから、**キーメッセージだけ覚えておいてもらえればよくて、それ以外の細かいことは忘れられてもいい、というスタンスで話した**ほうがいいのです。

　あれもこれも伝えようとすると、キーメッセージすら記憶に残らないかもしれません。

書き言葉と話し言葉は違う

　自分が聞き手になったとき、原稿を一方的に読み上げられることほどつらいものはありません。それは、話し言葉を使っていないせいです。

　スピーチやプレゼンを含め、話すときは話し言葉を使い、原稿を書くときは書き言葉を使うのが自然で、書き言葉で書かれた原稿を読むと、どうしても不自然な響きになってしまうのです。

　話し言葉で原稿を書くのは、相当難しいことです。話すときには間を取ったりテンポを変えたり、ときには身振り手振りもつけますが、書くときにそれらの出番はありません。たとえ、ここで間を取るなどとト書きを加えても、聞き手の反応次第では間を取る必要がないかもしれません。にもかかわらず、ト書きに従って、聞き手の反応を確かめないで続けたら、場はしらけるいっぽうになるでしょう。

　また、書き言葉で書かれた原稿を話し言葉に変換しながら話すのも至難の業です。変換する手間が余裕を奪って、抜ける、間違える、必要以上に繰り返してしまうなど、ミスをしやすくなります。それで最終的には、原稿を棒読みする結果に……。**原稿通りに話そうとするからアガるのであって、原稿がないと意外とアガらずに話せるのです。**

原稿ではなくガイダンスを作る

　私は、1時間以上の講演をする場合、A4などの紙に前半、中盤、後半と各パートで話すポイントをメモしておきます。原稿ではなくガイダンスです。

　短時間のスピーチやプレゼンでも、言いたいポイントを覚えきれない場合は、メモしておくといいでしょう。パワーポイントが使えるところでは、パワポがガイダンスになります。

　私のパワポは、キーメッセージとサブメッセージをいくつか箇条書きにするというものが多いので、それを見れば話したいことがわかるわけです。キーメッセージは最初、真ん中、最後という感じに置いて、それを繰り返すことで聞き手の記憶に残りやすいようにしています。

　ガイダンスさえあれば、話のディテールは自然と思い浮かぶものです。そうしたほうが、話していて楽しいと思います。話しながら、あぁ、本当はこういうことが言いたかったんだな、と自分の本心に気づくことがよくあるからです。よりわかりやすいたとえや比喩がひらめくこともあります。その楽しさは、自分で自分の能力を引き出して、伸ばしているような感じです。だから、自分を信じてみてください。

　スピーチやプレゼンが苦手という人は、そもそも人とうまく話せなかったり、コミュニケーションが苦手だったりする人が多い印象です。その一因は、自分の感じていることや思い、考えを言葉にする習慣がないことです。それらを1つでも多く言語化するようにすると、コミュニケーションも、スピーチやプレゼンも上達します。

〈アウトプット〉

文章をスラスラ書くための
2つのコツ

●●●

　私はほぼ毎日、文章を書いています。定期的に出す本や各メディアから依頼される原稿をはじめ、毎日配信している勝間塾の有料メールマガジンもあります。メールマガジンはだいたい2〜3日分をまとめて書いていますが、最近は1本の目標文字数3000字を超えて、3500字ぐらいになることが増えてきました。そのほか、皆さんと同じようにFacebookやTwitterなどのSNSにも、よく投稿します。

　読んでくれる人たちを想像して、どんな表現にしたら一番伝わりやすいだろう、ということを常に考えながら書いています。それを日々繰り返してきた結果、今では文章をスラスラ書けるようになりました。

①語彙を増やし、②入力方法を最適化する

　文章をスラスラ書くコツは2つあって、1つは語彙を増やすことです（詳細は次項037で説明します）。もう1つは入力方法の最適化です。**人間は頭に浮かんだことをすぐ忘れてしまうので、極力速く入力する必要があるからです。**

　パソコンで入力するとき、多くの人がローマ字入力だと思いますが、ローマ字入力に慣れていないと、いちいち頭の中でローマ字に変換する必要があります。それだと、せっかくいいことを思いつい

ても、その思考のスピードに入力スピードが追いつきません。ローマ字入力の場合、手をホームポジションに置いてタッチタイピングで打てないと、スラスラ書くのは難しいでしょう。

そんなロスを解消するために、私は長年、**親指シフト**という入力方式をしています。親指シフトは、40年ぐらい前に富士通が開発したもので、ローマ字入力やかな入力よりも打鍵効率を上げるために作られました。**慣れればどの入力方式よりも速く打つことができ、ローマ字入力と比べると、打鍵量は6割ぐらいで済みます。**だから、頭に浮かんだことを素早く入力できるのです。

また、親指シフトはまんべんなく指を使うので、指が疲れにくく、日々文章を量産する作家さんにも多くの愛用者がいます。私は親指シフト専用のキーボードではなく、汎用のキーボードを親指シフトのソフトを入れて使っています。

もっとも最近の私は、音声入力を多用していて、まず音声で入力して、誤字を親指シフトで直す、というパターンが定着しています。音声入力のスピードは、ローマ字入力の3〜5倍にはなります。おかげで、ストレスなく自分の思いや考えをアウトプットできるので、細かい描写を端折ったり、専門的な難しいことを噛み砕かずにそのまま書いてしまったりする、ということが減った気がします。

言葉は人間最大の武器

勝間塾の有料メールマガジンでは、毎回課題を3つ出していて、それについて会員さんに投稿してもらっています。初めのうちはたどたどしい文章だった人も、1ヵ月、半年、1年と続けるうちに読みやすい文章に変わって、だんだんと自分の言葉で表現する、とい

うことができるようになります。常に、どんな表現にしたら一番伝わりやすいだろう、ということを考えながら書いた結果だと思います。

　言葉は、人間が持っている最大の武器だと言われます。人間以外の動物に言葉はなく、人間は言葉を持つ唯一の動物です。類人猿も、ここまで精密な言葉を持っていませんでした。その言葉をつなげて文章にしたものをSNSで広く流通させることができるようになったのは、現代の最大の発明だと思います。初めは短文でいいので、毎日書く習慣を持つことをおすすめします。

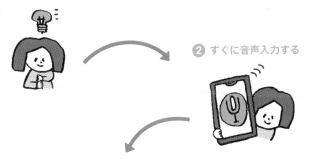

① 書きたいことを思いつく

② すぐに音声入力する

③ パソコンで書いたものをチェックする

check

ストレスなく
自分の思いや考えを
アウトプットできる！

アウトプット

語彙を増やして表現の幅を広げる

• • •

　私は37歳で独立して以来、14〜15年間、言葉で表現する仕事をさせていただいています。会社員時代も、金融や株式に関する分析をレポートにまとめる仕事をしていたので、社会人になってからずっと、言葉を使って仕事をしていることになります。

　私たちが言葉で表現する主な目的は、自分が経験したことをほかの人に伝えるためです。私たちは物事を経験するとき、五感、すなわち目で見る、耳で聞く、鼻で嗅ぐ、舌で味わう、手で触るという感覚を使います。最近では、加速度を捉える感覚や温度を捉える感覚など、ほかにもいろんな感覚があるということがわかっていますが、いずれも、**経験したことは無意識層に溜まっていきます。それを引っ張り出して、誰かに伝えるときに必要なのが言葉です。**

　相手が自分と同じ経験をしているとは限らないので、人は過去に経験したことと比較したり、いつも考えていることを交えたりするなど、工夫して伝えようとします。

　若い人の間では、なんでも「ヤバい」で通じるようですが、それではいっこうに表現の幅は広がりません。この気持ち、この感覚をズバリ言い表す言葉は何だろう、と探したり、いくつか組み合わせたりする必要があります。そのためには、語彙が豊富なほうがスムーズです。

　語彙は、自分と同じような考えや経験を持っている人たちとだけ話していても増えません。**語彙は自分とは違う考えや体験と触れる**

ことで増えるので、いつも手にしないタイプの小説や実用書を読んだり、ドキュメンタリーを見たり、落語を聞いたりするのもおすすめです。もちろん直接、自分とは年齢や業種が違う人たちと積極的に交流することでも、新しい言葉を手に入れることができます。そして手に入れた言葉を使うことで、自分の語彙として定着します。

　語彙が増えると、そのつどより的確な言葉で表現できるだけではなく、相手の年齢や業種ごとに馴染みのありそうな言葉を選ぶことができるので、ディテールまで伝わりやすくなると思います。

SNSを利用して表現力を磨く

　作詞家の方は、音やリズムに合わせるために、最適な文字数の言葉を類語辞典で調べて見つけ出す、という作業を常にしているのだそうです。

　さすがに、一般の私たちにはそこまでできませんが、何かいい表現が浮かんだときは、その言葉が消えないうちにぜひ記録しておいてください。できれば、SNSに投稿するのがおすすめです。

　SNSに繰り返し投稿することで、自分の体験と言葉が自然とつながって表現しやすくなります。また、**いろんな人に見てもらうことで、相手に伝わる言葉の組み立て方ができて、コミュニケーション能力が上がる**、という好循環も生まれます。

　「いいね」の数やリプライの内容は、自分が書いたことがちゃんと伝わっているかどうかをチェックする材料になるでしょう。そうしたやり取りを通じて、人とのつながりが広がることもメリットだと思います。

Google Keepで面白いことを
リスト化する

• • •

012でも紹介しましたが、私は、人からちょっと面白いことを聞いたり、本で面白いフレームワークを知ったりしたときは、Google Keepに入れてリスト化しています。それらはあとで実践したり、メルマガやYouTube動画のネタにしてアウトプットし、さらに知見を高めて肉付けしていきます。ゴルフの練習中に、こういうふうに体を使うとうまくいくんだな、という気づきがあったときも、ササッとメモします。

以前インタビューしたことのある音楽プロデューサーの秋元康さんは、「背中に大きなリュックサックみたいなのがあって、何かアイデアを思いついたらそこにポンポンと放り込んでおいて、いつか使おうと思う」といったことをおっしゃっていました。

私がGoogle Keepにメモするときも似たようなノリで、そのときはそれがすぐに役に立つかどうかは考えません。

例えば以前、友達から「YouTubeって、まるで昔のラジオの深夜放送みたいなものだよね」と聞きました。友達も私も中学、高校とずっとラジオの深夜放送を聞いていました。ニッポン放送のオールナイトニッポンや、文化放送のミスDJリクエストパレードなどです。その深夜放送を聞くノリで、今の若い人たちはYouTubeを見るのか、と知って、なるほどと思いました。それでGoogle Keepに「YouTubeはラジオの深夜放送」をキーワードとしてメモしておくわけです。

　また、私のYouTubeチャンネルにはいろんな質問をいただきますが、いつか答えよう、というものは質問をスクリーンショットに撮って、その画像をGoogle Keepに貼りつけておきます。そうすることで、ちょくちょく目にすることになるので、答えることを忘れないで済み、同時に自然と回答イメージもできあがっていきます。

　私たちの脳にある、情報を一時保存して処理するワーキングメモリーという機能はとても容量が小さく、情報は何度も見返すことで長期記憶になっていきます。だから意識的に、Google Keepを見返すようにしています。

メモは定期的に見直してアーカイブにする

　私は本を読みながらメモをとることは、ほとんどないのですが、こういう例もあります。

　いっとき私は依存症関連の本を何冊も読んでいました。依存症の依存性はどうやって強化されていくのかというと、ある刺激があって、それに対して行動をとると報酬を得られる、というループをたどることだと知りました。本によって多少言い方は違いますが、「刺激−行動−報酬」というループをたどるということは共通しているので、そのことをGoogle Keepにメモしました。

　この刺激−行動−報酬の3つの中で、何が依存症からの回復のカギになるかというと、行動を起こさないことです。行動を起こしたいなと思っていても、そこでグッと我慢をするということです。すると、時間の経過とともに刺激に対する欲望が減退していきます。減退したまま何も行動しなければ、報酬を得られません。報酬を得られなければ、次の刺激を求める欲望が弱くなる、という形で、何段階かかけて依存性が弱まっていくのです。

これを知っていると、たまにクッキーや最中などをいただいたとき、食べたいなと思っても、こらえられるわけです。食べるという行動さえ起こさなければ欲望は減退する、と頭を切り替えられるので、お菓子の封を開けずに、そのままマンションの管理人さんやお隣さんにおすそ分けできます。

　こうやって、私はメモしたことを実践しています。そして、定期的にGoogle Keepを見直して、実践済みのものや、自分の中で定着しているな、というものがあったらアーカイブにして、普段は目につかない状態にしておくようにします。

　ただ、なんでもかんでもメモすると整理する手間が大変になるので、これは面白い、と思ったものだけにするなど、何か基準を設けることをおすすめします。

⬆面白いと思ったことからTO DOまでGoogle Keepにすべてメモ

スマホは性能が上がった Androidにする

・・・

インプットにもアウトプットにも、スマホはもはや必需品です。以前の私は、かなりちゃんとしたiPhoneユーザーでした。iPhone3から始まって、5、7、10まで使っていたので、2017年ぐらいまではiPhoneユーザーでした。

ところが、2018年にGoogle Homeを買って、Googleの技術力のすごさを知ってしまったのです。アレクサやSiriだと全然答えられない質問にも、Google Homeはバシバシ答えてくれました。

それで、ひょっとしてAndroidも同じくらい優秀なのかな、と思ったわけです。Googleが作っているOSなので、技術力に差があるのかもしれない、という仮説を立てました。

また、私はRemote Mouseという音声入力アプリを使っていて、それがAppleのOSのiOSだと使いにくいと感じていました。そのことをブログなどに書いていたら、Androidだと使いやすいよ、ということを教えてくれる人が結構いたのです。

それで、じゃあとりあえずRemote Mouse用として、当時一番安いAndroidを買ってみようと思い、2万円弱のファーウェイのP20ライトというエントリー機を買って、使用感を調べ始めることにしました。

まずびっくりしたのは、とにかくスピードが速いことでした。12万円もしたiPhone10と比べて、スピードも操作性も、2万円しないAndroidのファーウェイが引けを取らなかったのです。iOSだ

と、Remote Mouseだけでなく、同じ音声入力のSimejiの立ち上がりにも時間がかかりました。**なぜ遅いかというと、iOS は大事な部分を Apple にしか開示していないからです。**だからSiriの音声入力の立ち上がりは速いけど、Remote MouseやSimejiのようなサードパーティーの音声入力の立ち上がりは遅くなるわけです。

ソフトウェアが同じ能力のCPUであっても、遅くなる傾向があるということを知り、2万円しないAndroidでこんなに快適だったら、高額のAndroidはもっと快適かもしれない、と思って買ったのが、9万円ぐらいしたファーウェイのMate 20 proという機種です。

1日ヘビーに使っても電池が持つ

ファーウェイのMate 20 proにして本当にびっくりしたのは、画面が大きいことです。ベゼルレスといって、普通のスマホにある枠がないタイプで、ほとんど全部が画面です。それまで使っていた8インチのタブレットがいらなくなるほど大きくて、出張に行くときはファーウェイだけで済み、荷物がすごく少なくなりました。

電池の持ちがいいことにも、本当に驚きました。iPhone 10が2700ミリアンペアアワー。Androidのファーウェイのスマホは4200ミリアンペアアワー。この差は本当に大きくて、まず4200のファーウェイを使っているときは、電池の心配をしたことはほとんどありません。**充電をし忘れないでフル充電にしておけば、丸1日、結構ヘビーに使ってもなくなりません。**

それに対して同じAndroidでも、少し電池の小さい3400のOPPO Find Xだと、1日ギリギリ持つか持たないかで、夕方になるとちょっと不安になりました。2700のiPhone 10を丸1日使うときは、必ず充電器を持ち歩いていました。つまり、ファーウェイにしたら、

充電器を持ち歩く必要がほとんどなくなりました。それまで当たり前にやっていた充電の手間って、意外とかかるんだな、と痛感しました。そして、ファーウェイはアメリカとの闘争問題があったことから、今はメインではOPPO Reno 10×Zoomを使っています。4065ミリアンペアアワーなので1日持ちます。

完全にAndroidの性能が上になった

ずっと、使いやすいスマホといえばiPhoneで、Androidは使い勝手が悪くてイマイチだと思っていた印象が、ここ1〜2年でまったく変わりました。AndroidのベースはGoogleなので、GmailやGoogleドキュメント、Googleマップ、Google Playゲームなど、すべてプリインストールされて入っています。これらは私が年がら年中使うものなので、新しい機種を買ったときの移行がすごく速く済みます。

当たり前ですが、それまでいちいちダウンロードしていたChromeも初めから入っています。Google系のOSやGoogleのソフトウェアを使い慣れている人は、iOSよりも圧倒的にAndroid系のスマホのほうが楽です。昔の使いにくいイメージは一掃されていると思います。データもGoogleドライブにバックアップしてありますから、Googleのアカウントを入れるだけで、このデータは戻しますか？　という確認作業だけで簡単に済みます。

思うに、iPhoneのようにクローズドプラットフォームでApple1社でしか作っていないスマホは、オープンプラットフォームで何十社もが競い合って作るスマホに、中長期的に追い抜かれてしまうのでしょう。私のイメージでいうと、iPhoneは2017年に追いつかれて2018年には追い抜かれて、2019年には完全にAndroidのほうが

性能が上になっています。

　もしこれまでずっとiPhoneしか使っていなくて、Androidって
すごく性能悪いんでしょ、と考えている人は、Androidのハイエン
ドのスマホを検討する価値があると思います。ハイエンドといって
もiPhoneよりは安くて、8万〜9万円です。店頭で試用できるの
で、そこで使用感を確かめて、本当にずっとiPhoneを使い続ける
べきかどうか、1回は検討する余地があると思います。

⬆左がOPPOのReno 10×Zoom、右がファーウェイのMate 20 pro

Chapter

4

お金ハック！

〈一歩踏み出すだけで、ラクラク貯まる〉

「ドルコスト平均法」が 簡単に資産を増やすカギ

・・・

老後の資金として2000万円は必要、いや2000万円でも足りないといった「老後2000万円問題」という話があります。その額の試算が正しいか否かはさておき、多くの人が少しでもお金を貯めて、老後の不安を解消したいと考えているでしょう。

それが、ある方法だと月々2万円や3万円ずつの積み立てで可能になります。まるであやしい通販番組の売り文句のようになっていますが、これは本当の話で、その方法というのが、投資信託（以下、投信）のドルコスト平均法による積み立てです。

ドルコスト平均法は定額購入法とも言い、**日々価格が変動する金融商品を、毎月同じ数を買うのではなく、同じ額で買う方法**です。例えば、Aという金融商品の価格が、1ヵ月目は1万円で、2ヵ月目は1万2500円、3ヵ月目は8000円、4ヵ月目は1万円だったとしましょう。これを1株ずつ買った場合、4ヵ月で4株になって購入額は合計4万500円。1株あたりの平均買付価格は1万125円、になります。

いっぽう、同じ商品を1万円ずつ買う場合、1万のときは1株買えて、1万2500円のときは0.8株しか買えませんが、8000円のときは1.25株買えます。合計4万円で4.05株買ったことになるので1株あたりの平均買付価格は9876.5円になります。

このように、毎月1株ずつ買うよりも、毎月同じ額で買うほうが、平均買付価格を約249円安く抑えられています。この**平均買付価格を安く抑えることによって、損が出にくくなる**のです。

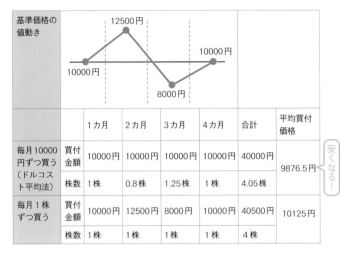

［ ドルコスト平均法の仕組み ］

		1カ月	2カ月	3カ月	4カ月	合計	平均買付価格
毎月10000円ずつ買う（ドルコスト平均法）	買付金額	10000円	10000円	10000円	10000円	40000円	9876.5円
	株数	1株	0.8株	1.25株	1株	4.05株	
毎月1株ずつ買う	買付金額	10000円	12500円	8000円	10000円	40500円	10125円
	株数	1株	1株	1株	1株	4株	

安くなる！

　実際にやってもらわないと実感しづらい話だと思いますが、これを10年、20年と中長期的に続けると、元金のだいたい1.5倍か1.6倍、多いと2倍に増えていきます。

　このドルコスト平均法による投信について、私が初めて広く一般に推奨したのは、2007年11月刊行の拙著『お金は銀行に預けるな』（光文社）でした。この本を読んで、実際に積み立てを始めた人が、私が主宰する「勝間塾」にたくさんいます。月々2万円、3万円、5万円と若干の差はありますが、そのお金は11年半経った今（2019年7月の時点）、どのくらいに増えていると思いますか？

　月々3万円の場合、11年で元金は396万円。それが1.5倍だと＋198万円で合計594万円、1.6倍だと＋237万円で633万円、2倍だと792万円になっているのです。ちなみに、銀行で積み立てた場合、昨今の銀行の利子はよくて小数第一位、大半が小数第二位でないも同然ですから、ほぼ元金のままです。

初めてでも失敗しない5つのポイント

　実際にドルコスト平均法（定額購入法）による投信を始める際のポイントは5つあります。

①オンライン証券で、積立NISA（ニーサ）口座を開設する

　証券会社の店頭に行くと、担当の人にいろんなサービスやプログラムをすすめられて、よくわからないままに加入しかねません。そうした心配がないオンライン証券がおすすめです。

　口座開設手数料はかかりません。利用者数が多くて、初めての人にもわかりやすいのは、「auカブコム証券」か「SBI証券」だと思います。

　開設する口座は、「積立NISA（ニーサ）」といわれる口座にしましょう。NISAとは、少額投資非課税制度のことで、配当金などの収入が5年間非課税になります。そのため通常の口座より、お金が増えるスピードがより早くなります。

②積立金は収入の1〜2割、給料日などに天引きする

　開設した口座には、指定の銀行口座から引き落とすことができます。投信は500円から積み立てられますが、私は収入の1〜2割、できれば2割を積み立てることを推奨しています。

　もっと積み立てたい人は、収入からこのぐらいなくなっても暮らしていける、というギリギリの額を設定しましょう。

　残ったお金は、生活費として全部使い切って問題ありません。投信で積み立てたお金が「働いてくれる」からです。

③必ず「ノーロード」の「インデックス投信」を買う

ノーロードとは、買うときの手数料がかからない金融商品、という意味です。商品によっては、買うときに1〜3%の手数料がかかるものもありますが、ノーロードだと無料です。

もっとも、ノーロードでも、信託報酬と言われる年間の運用管理手数料はかかります。信託報酬は一番安くて0.2%くらいで、高くとも0.6〜0.7%に収まるものを買うのがおすすめです。

実際にまず買ってほしい金融商品の種類は次の2つです。

・全世界株式インデックス
・日本株式インデックス

株式インデックスとは、NYダウや日経平均株価、TOPIXのような株式指標＝インデックスと同じように値動きするように作られた投信です。運用するのはコンピューターで専門家でない分、手数料が10分の1〜5分の1程度で済むから得なのです。

毎月の積立額が1万円なら、いずれか1つを買いましょう。2万円以上なら2つに分けて買うのが、よりリスクが少なくなる買い方です。

④最低でも5年以上続ける

金融商品は世の中の経済状況によって値上がりしたり、値下がりしたりしますが、それに一喜一憂しないことが大切です。世間が「今が売りどき」とか「売らないと元本割れして大損する」と大騒ぎしても、積み立てたお金を動かしてはいけません。世界的な金融恐慌が起きても、積み立てを続けます。2020年もコロナで市場が下がりましたが、こういうときも動じず、淡々と続けます。

投信は儲からない、という人のほとんどは、短期間でやめてしまっていることが原因です。私がすすめるこの貯蓄法＝ドルコスト平均法による積立インデックス投信は、投資額を小分けにして、長期間続けることでリスクヘッジする方法です。いわば、時間が最大の味方です。1〜2年でやめたら損をするかもしれませんが、5年、10年続けると増益がプラスになり続けるので、損をするのが難しくなります。

　もちろん、証券口座に積み立てた投信はいつでも解約して換金することができます。とはいえ、病気になってしまったとき、子どもの学校の入学金が必要なとき、また転職活動中で一時的に収入が下がったときなど、お金が必要な場合に、必要な分だけ解約するようにしましょう。

⑤小さな配当で確実に儲ける

　ドルコスト平均法による積立インデックス投信は、株式投資や債権投資のように一攫千金は狙えません。大儲けも大損もせず、小さな配当で確実に儲けを出す、堅実な貯蓄法です。儲けが小さいとはいえ、10年で1.5〜2倍ですから、銀行のゼロ同然の利子に比べたら、はるかに儲かります。

　始めて最初の1〜2年の間は、赤字の状態が続いたり、損益が上がったり下がったりしますが、5年、10年経つとすごく安定して、必ず黒字続きになります。まだこの貯蓄法をやっていない人は、だまされたと思ってぜひ始めてください。始めるタイミングは「決心したとき」です。5年、10年と続けるわけですから、いつ始めても大差ありません。

　証券口座を確認するたび、損益がプラスになっていて、ニマニマと笑いが止まらない。そんな生活を楽しんでください。

LIFE HACK
041
「不動産投資信託」で資産を増やす

• • •

　040で、貯蓄をするなら投資信託のドルコスト平均法による積み立てがよく、実際に買ってほしい金融商品として、「全世界株式インデックス」と「日本株式インデックス」をおすすめしました。

　実はもう1つ、おすすめがあります。それが、「**不動産投資信託**」です。通称「**リート（REIT）**」と呼ばれていて、オフィスビルや商業施設、居住用マンションなどの不動産に投資して、テナントからの賃料という比較的安定した収入源を元に運用する金融商品です。

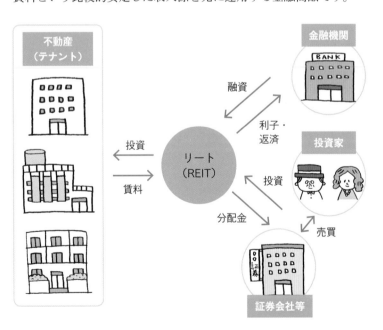

投資家から集めた資金だけではなく、銀行などの金融機関からの借入金も入れて大きな取引にするため、レバレッジがかかる、すなわち、自己資本に対する利回りが上がります。その分高い配当利回りが期待できる、ミドルリスク・ミドルリターンであることがおすすめする理由です。なお、リートは積立NISAの対象外ですので通常の口座か、NISA口座を使ってください。

余裕があれば日本のリートと先進国のリート両方を買う

リートで買うべきは、株式の商品と同様に、不動産市場全体の動向を示す指数（リートインデックス）と同じように値動きするように作られたインデックスの商品です。日本のリート（通称Jリート）のほか、先進国のリートと新興国のリートがありますが、**お金に余裕がある方は日本と先進国の両方を買ってください。**

どちらか片方だけがいい場合で、住んでいる家が賃貸住宅の人は、日本のリートインデックスをおすすめします。なぜかというと、家賃は不動産が値上がりすると上がりますが、そのときはリートの価値も上がるので、日本のものを買っていると家賃が上がった分をリスクヘッジできるからです。

いっぽう、持ち家に住んでいる人は、日本のリートを選ぶメリットは特にないので、先進国のリートインデックスにするほうがバランスがいいと思います。

具体的にどの商品を買えばいいか、ということですが、今ここで銘柄名を挙げても、1〜2年で変わってしまうので、口座開設したネット証券で見て、**信託報酬が一番安いものにする**といいでしょう。

私は、十数年来ずっとインデックス投信をやっていますが、もっともリターンがいいのは日本のリートインデックスです。日本のリ

ートインデックスは配当が高く、年間3〜4%ずつ積み上がります。10年続けると、30〜40%の配当が入ることに。配当分は、基本的に再投資に回します。そこがポイントで、税金で多少取られようと、基準価格が多少変動しようと、配当による再投資だけはどんどん増えていくのです。

リートインデックス以外の不動産商品は素人は避けるのが賢明

　リートの投資対象はいろいろでワンルームマンション（区分マンション）や戸建て、駐車場に倉庫まであります。規模が小さい分、少額から始められるので、特に投信初心者の注目を集めています。一方、現物の不動産商品も各種ありますが、私はおすすめしません。理由は投資対象が1カ所なので、そこの不動産価値が値下がったり、借りる人が減ったりしてしまうと、途端にその不動産の価値も下がるからです。

　それに対して、リートインデックスは日本ないしは先進国の不動産市場の動向と同じように値動きするため、リスクに対して強いのが特徴です。リートを始めたいけど、どれを買ったらいいのかわからない、という人にもリートインデックスは本当におすすめです。

持ち家か賃貸住宅かは
ライフスタイルで選ぶ

• • •

　家は買ったほうが得か、それとも借り続けたほうが得か。これは、よくされる質問の一つです。**答えは、それぞれに一長一短あるので、ライフスタイル次第ということになります。**

　まず、平均的なグレードの家の場合、ローンを組んで買うのと賃貸で借り続けるのと、どちらの総費用が安くなるかというと、これは買ったほうが安くなります。

　なぜ買ったほうが安くなるかというと、スマホの長期割引と同じ理屈です。スマホは、契約期間が2年、3年、5年と長くなるほど料金が安くなりますよね。その代わりに、2年ないしは3年以内で解約しようとすると、解約金がかかります。それと家のローンもまったく同じ仕組みです。だから、**同じ家に、20年、30年住むとしたら、借りるより買ったほうが安くなります。**

　気をつけたいのは、ローンの設定額です。私は、ローンは手取りの25％以内を推奨していますが、多くの方は手取りの30％くらいで組んでしまいがちです。30％設定だと何が問題になるかというと、ボーナスが減ったり、転職をするために一時的に収入が減ったりしたときに、払えなくなることです。仮に払えたとしても、ほかの生活費をものすごく切り詰めなくてはいけなくなります。

　すると、多くの人が金利を減らすためにローンの借り換えを考えるでしょう。いったい、この長期割引はどのくらい安くなるのかというと、平均利回りの4％ぐらいで、思ったほど安くならないのが

現実です。

　それが賃貸なら、家賃を払えなくなったから住み替える、ということが可能です。ただ賃貸だと、老後、年金生活者になったときに借りられないのではないか、と心配する声が上がります。確かに、家賃を滞納される不安から、高齢者の入居を断る貸主もいるでしょうが、4人に1人以上が65歳以上の超高齢社会の日本において、そんなことをし続けたら、賃貸物件は空き部屋だらけになります。基本的には、年金を受給している限り、貸してくれる家はたくさんあると考えていいと思います。現に、高齢者の入居をサポートする不動産仲介業者も少なくありません。

　私はずっと賃貸物件に住んでいますが、老後にもし体の自由がきかなくなったら、高齢者施設やケアつきの高齢者専用賃貸物件に入ると思います。最終的には賃貸生活になるなら、ずっと賃貸のままでいいか、と考えています。高齢者施設に入るときに、持ち家がすんなり売れるとも限りませんから。

賃貸は選べる自由度が高く、住み替えできるのが魅力

　私が賃貸物件に住んでいる理由はまず、**賃貸は分譲よりも物件数が多い分、自分が選べる自由度が高い**、ということです。選択肢が多いと選ぶのが大変という人もいますが、それは短期間で探そうとするからです。賃貸契約が切れる最低でも半年前、できれば1年前には賃貸情報サイトに登録して、自分の条件に合う物件をキャッチできるようにしてください。そうすることで、物件を見極める力もつきますし、掘り出しものと呼ばれる物件と出合う確率も上がります。

　あと賃貸の魅力はやはり、**住み替えがきく柔軟性の高さ**です。子

どもが独立して住人の数が変わったり、勤務先や収入が変わったりといった、ライフスタイルの変化に応じて家も替えられます。私は、今の家に珍しく10年ぐらい住んでいますが、今まではだいたい3～5年のサイクルで引っ越しをしてきました。その分引っ越し代はかかりますが、柔軟性を重視したい人には賃貸がおすすめです。

逆に、すごく安定思考で、10年20年と住み替えることはまずない人は、買ったほうが割安になるのでおすすめです。**ただ買うなら、なるべく中古にしてください。**安いから、ということ以外にも理由があって、中古のほうが一軒家にしてもマンションにしても、立地がよりいい物件を探しやすいのです。立地がいいところの多くには、すでに建物が立っているものです。それが、立地がいい物件は中古のほうに多い理由です。

中古なら、余裕を持ってローンの設定額を25%以内にしやすいのもおすすめする理由の一つです。また、予算が余ったらそのお金で水回りや電気回り、エアコンなどをリフォームしましょう。中古住宅で、最新の設備にして住むのが一番おすすめになります。

賃貸の場合でも、大家さんと交渉すればリフォームできます。原状回復を義務にするとOKしてくれる大家さんは多く、私も結構リフォームをしています。多いのは乾燥機を入れるためのリフォームで、今の家では、天井にいろんな新しい照明をつけたり、壁に鏡をつけたりしました。

持ち家を買うなら中古を。新築は最後の選択肢に

いろんな人の事例を聞いて痛感するのは、周りの人が家を買いだしたから、など、あまり深く考えずに住宅ローンを組むと、あとあと苦しむケースがあるということです。

　賃貸で暮らしながら、本当に条件に合う物件と出合って、ここなら20年でも30年でも住みたい、と思ったときにだけ住宅ローンを組むようにしてください。しかも、新築ではなく中古がおすすめです。

　新聞のチラシなどで新築の広告を見ると、いいなぁと思って欲しくなるものですが、新築を買うとローンの返済に追われて、本当にお金が貯まりません。新築は、中古を探してもいい物件が見つからなかったときの、最後の選択肢にしましょう。

持ち家

・安定重視の人におすすめ
・10〜20年住み替えない場合は割安になる
・買うなら中古

賃貸

・柔軟性重視の人におすすめ
・選べる自由度が高く住み替えができる
・リフォームができることも多い

払いすぎの生命保険を見直す

• • •

ズバリ、日本人は生命保険にお金をかけすぎです！ 平均すると、生命保険に年間で40万円弱ぐらい払っている家庭が多いです。中でも、必ずと言っていいほど入っているのが、終身型の死亡保険です。でも、**終身型の死亡保険は、ほとんどの場合、必要ありません。**

そもそも、死亡保険は、一家の稼ぎ頭が亡くなったときに、残された家族の生活を激変させないための緩和措置です。主に補いたいのは、家賃や子どもの学費などです。そう考えると終身型保険は、ほとんどの場合、役に立ちません。なぜなら、日本人の平均寿命は男性が81歳、女性が87歳くらいで、そのときすでに子は50代の立派な大人だからです。自分の家族を築いているか、独身でも自活している年齢です。その大の大人に、何千万円も残す必要はないのです。

残すとしたら、自分の葬式代だけで十分です。どういう葬式を望むかは人によって違いますが、200万円とか300万円の葬式をしてほしいと思ったら、家族に迷惑をかけないために、保険をかけて残していくといいでしょう。それ以外に残す必要はありません。

ただ、もし稼ぎ手が1人かつ子どもがいる家庭で、万一のことを考えると不安が大きい、という場合は死亡保険に入っておくべきでしょう。その場合は、逓減（ていげん）型の死亡保険を選んでください。

例えば、3000万円の死亡保険の場合。もっとも高いのは、一生3000万円の保障が続く終身型で、次に高いのは、一定年齢まで

3000万円の保障が続く定期型です。いっぽう、**逓減型というのは、子どもが小さいうちには5000万円といったように多くもらえて、大きくなるにつれて保障額が減っていくというもので、毎月の支払い額が一番安く済むのです。**

私も子どもが3人いるので、逓減型の死亡保険に入っています。より正確に言うと、上の2人はすでに独立しているので、今は大学に通う三女の分だけです。大学を卒業すれば自活できるだけの能力が身についている、という前提に立てば、逓減型が無駄がなくていいのです。契約年齢が30代なら月々1万円、40代なら月々1万5000円で、十分な保障がつきます。

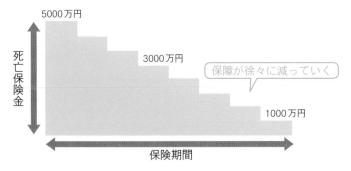

［逓減型死亡保険の仕組み］

5000万円

3000万円

保障が徐々に減っていく

1000万円

死亡保険金

保険期間

医療保険に入る必要もなし

死亡保険の次に、多くの人が入っているのが医療保険です。でも、**医療費は国民健康保険でほぼカバーができるので、わざわざ医療保険に入る必要はありません。**

国民健康保険には高額療養費制度というものがあって、医療費が自己負担の上限額を超えて高額になった分の払い戻しが保障されて

います。自己負担額が収入によって異なるため、払い戻しされる額も異なりますが、超えた分は必ず全額返ってきます。

国民健康保険がきかない先進医療を受けたい場合は、医療保険に入るべきか、というと、その必要もありません。なぜなら、先進医療の治療代は、医療保険では全然まかなえない額になるからです。まかなえないのに、入る必要はありません。

1つだけ、おすすめしたい保険があります。それは、住宅ローンを組むときに入る団体信用生命保険です。これに入っておくと、**契約者である稼ぎ手が亡くなったときに、ローンを払う必要がなくなります**。ローンを組むときには、ぜひ入るようにしましょう。

子どもがいない夫婦や独身者は、生命保険は不要

本格的に生命保険の見直しを図りたいということであれば、**生命保険会社の人ではなくて、ファイナンシャルプランナーに相談するのがおすすめ**です。ただ、ファイナンシャルプランナーも生命保険の代理店をやっているケースがあるので、ちゃんと中立的なフィナンシャルプランナーを探すというのがポイントになります。

繰り返しますが、多くの人が生命保険にお金を払いすぎなので、ぜひ見直してください。死亡保険に入る必要があるのは、自分の葬式代を残したい場合と、稼ぎ手が1人で子どもがいる家庭です。後者は、逓減型を選択してください。

共働きで、稼ぎ手が1人になっても子どもを十分育てていける家庭と、子どもがいない夫婦は、死亡保険に入る必要はありません。独身の人も不要です。貯蓄のつもりで、積立型の保険に入っている人は、そのお金をドルコスト平均法による投資信託で積み立てて、効率よくお金を増やすことをおすすめします。

LIFE HACK

044

「ものぐさコスト」を減らすと
お金が貯まる

● ● ●

　人間は、古代から高度成長を遂げるまで、カロリーを過少摂取して過剰消費するという、恒常的な欠乏状態を経験していました。そのため、できるだけカロリー消費を防ごうとして、「ものぐさ（面倒くさがる、無精という意味）」になるのは自然なことでした。

　それが高度成長期以降、カロリーを過剰摂取して過少消費する状態に一転します。しかし、長い歴史の間に身についたものぐさは変わらない結果、肥満や糖尿病、高血圧などの生活習慣病が増えました。さらに残念なことに、**現代の日本や資本主義社会は、ものぐさだとお金が貯まらない仕組みになっているのです。**

　どういうことかというと、例えば食事の場合。一番お金がかからないで安く済むのは、自炊です。次に安いのは、市販のお惣菜やお弁当などの中食で、一番高いのが外食です。移動手段でいうと、一番安いのが徒歩です。自転車も購入代やレンタル代がかかるものの、使うときにはお金がかからないので、日常的に使えば徒歩並みに安くなるでしょう。次に安いのは電車やバスなどの公共交通機関で、一番高いのはタクシーや自家用車です。

　食事も移動手段も、一番高い選択をする人といったら、そう、ものぐさな人です。自炊するのは作るのも片付けるのも面倒だから、外食にしちゃおう。歩いて移動するのは嫌だし、電車だと乗り換えがあるから車で行こう、と。「ものぐさ」が発動するたびにお金を使っていること、すなわち「ものぐさコスト」がかかっているのに

無自覚なまま、一番高い選択をしているのです。

　それを変える方法はただ1つ、ものぐさな自分をいかに自覚するか、です。

　私が、自分のものぐさを自覚したきっかけは、約5年前にアップルウォッチをつけて自分の行動を見える化したことでした。それまで効率化という名のもとに、食事は外食中心で移動はタクシーが基本と、かなりものぐさでした。それを自覚すると同時に深く反省して、改心したわけです。すると、ものぐさコストが浮いて貯まる喜びから、なんでも自分で動く方向に変わっていくことができたのです。

　自炊の仕方については047で詳しく説明しますが、ネットスーパーと調理家電を多用すれば、自分は食材を入れてスイッチを押すだけという、最小限の手間で済みます。それで、高級店のようにおいしく、かつ体にいい食事ができたら、外食する理由はなくなります。

　公共交通機関での移動も、席が空いていないか探したり、エスカレーターに並ぶなど、ものぐさを追求するから面倒くさくなるんだ、ということに気づいて、車内では立って階段を使うことを基本にしたら、急に楽になりました。

時間短縮のためのコストはOK

　ネットスーパーや調理家電を使うのはものぐさでは？　という意見もあるでしょう。確かに、昔ながらの家事の仕方を基準にしたらそうなるかもしれませんが、**これだけテクノロジーが進歩している現代で、昔ながらの家事の仕方に縛られるのはナンセンス**です。

　また私は、タクシーだと20分、電車だと1時間かかるところに

は、タクシーで行くべきだと思います。急用のときをはじめ、お金をかけることで時間を大幅に短縮できるものはOKにしています。なぜなら、時間の無駄を省くことができているからです。言うまでもなく、電車とタクシーの所要時間が5分しか違わないのにタクシーで行くのはNGです。時間とコストのバランスをよりよく取って、自分にとって必要ないものぐさコストはなくすようにしましょう。

　すると、どんどんお金が貯まります。もし日ごろ、贅沢をしているわけではないのにお金がなかなか貯まらない、と思っている人がいたら、知らず知らずのうちに、ものぐさコストがかかっている可能性があります。人間は誰しもものぐさである、という視点で自分の行動を見直してみてください。

転職したいのにしないのも、ものぐさだから

　転職したら今より給料が上がってやりがいも増えそう、とわかっていながら、なかなか試みないのも、端的に言うとものぐさだからです。行動経済学用語では現状維持バイアスといって、多くの人に見られる、未来に大きな利益を得られる可能性よりも、今実際に得ている小さな利益を重視する傾向を指し、先延ばしにしたがる心理とも言われます。

　先延ばしにしたがる理由は、ただ1つ、今の給料や評価が自分にとって本当にベストかどうかを考えたり、よりよい選択肢を探したりするのが面倒くさいからです。ちょっとネットや本で調べたり、ちょっと人に聞いたりするだけで、自分をより活かせるチャンスが広がるのに、自ら棒に振っているわけです。

　繰り返します。人間は誰しもものぐさです。その自分を意識して、日ごろの行動を見直してみてください。

045

お金が確実に貯まる
家計管理法

・・・

　おすすめの投資法については、040で詳しくドルコスト平均法として解説した通りで、貯蓄には収入の1〜2割、できれば2割回すのが理想的です。そして、残りの8割で暮らします。

住居費、車、教育費を見直す

　生活費を収入の8割に抑えるために、**最初に見直さなければいけないのは住居費**です。

　よく、住宅ローンや家賃は収入の3割は使っていい、と言われますが絶対に嘘です。収入の3割を使ってしまうと、2割を貯蓄に回すことができません。また、収入はいろいろな事情で上下するので、下がったときに、3割もローンにあてていると家計が耐えられません。したがって、住宅費に使っていいのは収入の2割ぐらい、上限は2.5割にすることをおすすめします。

　次に見直すべきは、自家用車の維持費です。私は、平日に車を使わない人は、車は不要だと思っています。土日しか使わないのなら、カーシェアリングで十分だからです。

　意外と出費がかさむのは教育費です。子どもには、ついついお金をかけたくなるのが親の心理です。しかし、**教育費にも上限を設けないと、家計は破綻します**。

　教育費の目安は収入の2割です。2割の中で、学校選びや習い事

を決めないと、家計はうまく回らなくなります。

電子マネーは後払い（ポストペイド）がおすすめ

　家計管理で大事なことは、**何に一番お金がかかって、使いすぎているか、ということを把握すること**です。

　そのチェックをしやすくするために、現金ではなく、カードや電子マネーを利用して、さらに先払い（プリペイド）でなく後払い（ポストペイド）にするのがおすすめです。

　電子マネーは先払いと後払いに大きく分けられて、先払いで代表的なのはSuicaやICOCA、楽天Edy、WAONなどで、後払いで代表的なのは、NTTドコモのiDやJCBのQUICPayなどです。後払いはクレジットカードと同じような感覚で使え、月ごとの支払いになるので、使った分を把握しやすくなります。最近はPayPayやd払いなどのバーコード支払いもありますので、これも明細が残ります。

　また、先払いだとお金を使っている感覚が薄れて使いすぎることがありますが、後払いだと支払いが待っているということがストッパーになって、使いすぎを防いでくれるのもメリットです。

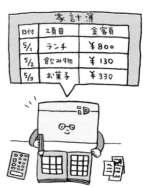

食費は1.5〜2割、通信費は0.5割

　家計簿を細かくつけると続かないのでつけなくてもいいですが、なんとなく下の表のような割合でバランスが取れることを目指しましょう。

[収入（手取り額）に対する各費目の割合目安]

家賃／住宅ローン	2割が理想で、上限は2.5割
貯蓄	1〜2割、2割が理想
教育費	2割以内
通信費	0.5割以内
食費	自炊派は1.5割、外食派は2割
衣料費	1割以内
光熱費	0.5割
雑費	1割
お小遣い	0.5割（最小割合で抑えた場合）

　このバランスを常に保つようにすると、生活費が足りなくなることはなく、でもちゃんとお金が貯まっていきます。

　補足ですが、冷蔵庫や洗濯機などの耐久消費財を買うときは、収入の8割のほうではなく、貯蓄している2割を使ってOKです。

LIFE HACK 046

すべての買い物は1日（1回）につきいくらになるかを考える

• • •

　浪費癖をなくしたければ、何か買い物をするとき、それを使う頻度や時間を考えて、**1日あるいは1回につきいくらになるか**、ということを考えてみてください。

1年365日、24時間で割って考える

　例えばスマホ。スマホは1日中、ずっと使いっぱなしですよね。私は、スマホにはお金をケチらないで、ほぼ1年に1回のペースで、最新機種に取り替えています。最新のAndroidが9万円ぐらいで、1年365日欠かさず使うので、1日あたり250円弱。さらに、1日の活動時間で割ると、1時間あたり約15円。

　この値段ならもう最新機種を使って、自分の時間と経験の質をよりよくしたほうがずっと幸せだと思います。古いスマホはすぐに捨てずに、YouTube専用のカメラにするなど、周辺機器として使っています。

　同じように、私が毎日使っているものといえばダイヤのピアスです。確かスマホと同じような値段だったので、1時間あたりの値段も同じ約15円。こうしてものの場合は1年365日、24時間で割って考えてみると、自分にとっての価値がわかって、浪費になるのかどうかの判断がつくはずです。500円のものでも1000円のものでも、ちゃんと使う頻度や時間を考えます。1〜2回しか使わないような

ものなら無駄になると考えて買いません。

　ものではなくて、旅行などの体験の場合は、それによって自分が幸せになるのであれば、予算の範囲内で使っていいと思っています。

　私は船が好きで、船の共同所有のクラブに入っていますが、そこそこお金がかかります。そのとき私は、この代金を稼ぐにはどのぐらい大変かということを考えて、その大変さと船に乗ることで得られる喜びを比べてみます。それで、稼ぐのは大変だけど、それ以上に仲間と一緒に船に乗って楽しみたい、と思うからお金を出すわけです。

　逆に、楽しみたいけど、この代金を稼ぐのは大変だからな、と思ったら出しません。そもそも、クラブにも入会しないでしょう。

　つまり、**代金がどんなに安くても、それを体験することに魅力を感じなければお金を出さない**ということです。5000円でも1万円でも、私は無駄なことのために仕事をしているわけではない、と思うからです。

浪費家の人は幸福度が低い？

　人の幸福度を左右するものに、地位財と非地位財というものがあります。地位財はブランド品や高級車、大きな家などで、人と比べることで満足感を得るもののことです。非地位財は、健康や愛、自由、安心・安全などで、人と比べなくても満足感を得られるものを意味します。幸せになるためには、どちらか一方だけではダメで、両方にバランスよくお金を使う必要がありますが、**浪費家の人は、地位財により多く使う傾向があります。**

　また、浪費家の人はストレスが溜まっていって、それを買い物を

することで発散している可能性もあるでしょう。もし、浪費が止まらないという人は、ストレスになっている原因についても考えてみてください。

　浪費をしないで、上手なお金の使い方ができるのは本当に気分がいいことです。プレゼンがうまくいったり、料理が上手にできたりしたら、気分がいいですよね？　それとまったく同じことです。逆に、あとから後悔をするようなお金の使い方をすると、自分が嫌になって落ち込みます。

　そうならないように、何かものを買うときは、1日あるいは1回につきいくらになるか、ということを考えてみてください。旅行などの体験に使うときは、この代金を稼ぐにはどのぐらい大変かということを考えて、その大変さと体験によって得られる喜びを比べてみましょう。それを習慣として身につけると、浪費癖は直っていくと思います。

自炊メインなら簡単に
食費を抑えられる

• • •

　最初に、**自炊をまったくしないで、外食だけで食費を抑えるのは難しい**、ということをお断りしておきます。そして、多忙が自炊をしない言い訳にはならないことも断言しておきます。なぜなら、調理家電を使えば、食材を入れてスイッチを押すだけでおいしい料理ができるからです。

　私が愛用している調理家電については、Chapter7で後述しますが、調理家電を使えば、外食したりお弁当を買いに行ったりする時間、すなわち、お店まで行く、メニューを選ぶ、出てくるまで待つ、家に帰る、という時間より短い時間でおかずを作れるのです。帰宅時間に合わせたタイマー調理も可能です。もはや、多忙だから自炊をしないという理由は成り立たなくて、むしろ、**多忙だからこそ自炊をするというほうが、理にかなっている気がします**。

　調理家電に加えてネットスーパーを利用すると、買い物の手間を省けてさらに時短になります。私は以前、西友やイトーヨーカドーのネットスーパーを利用していましたが、今はAmazonフレッシュを利用しています。最近、Amazonフレッシュは最低注文金額が下がって、4000円から運んでくれるようになりました。一人暮らしでも、昼は外食するとして1日2食、1週間分の食材をまとめて買うと4000円以上になると思います。

　私も今一人暮らしなので、4000円分の食材は例えばこんな感じです。豚肉ロース200g、鳥もも肉300g、ベビーリーフ2〜3袋、ト

マト、ナス、キノコ2〜3種類、チーズ（パルミジャーノ・レッジャーノ、カットタイプ）、手作りパン用のミックスナッツ1缶（360g）。私の場合、基本的に1日3食とも自炊するので、4000円分の食材を3〜4日＝9〜12食で食べきります。1食の予算を350〜500円にしているので、ちゃんと予算内に収まっています。

多忙な人におすすめなのは蒸し料理

それらの食材の調理例も紹介します。ある日の夕食ですが、おかずは、昼間のすきま時間に蒸しておいた豚肉とキノコを、袋から出したベビーリーフと切ったトマトの上に乗せてチーズをトッピングし、塩とオリーブオイルとバルサミコ酢をかけたもの。主食は、ホームベーカリーで焼いておいたナッツとドライフルーツ入りの全粒粉パンを1〜2切れ。

つまり、自炊といっても、夕食のためだけに一から作るものはなくて、大して手間はかからないのです。

手間をかけずに食材をおいしくするポイントは、肉や野菜を蒸すことです。なぜ焼かないかというと、焼くと加熱中に食材の水分が飛んでしまうので、時間が経つとパサパサになっておいしくなくなるからです。それを電子レンジで温め直すと、さらにパサパサに……。いっぽう、蒸し料理だと加熱中も水分が保たれるので、時間が経っても食感も味も落ちません。冷蔵庫から出したばかりの冷えたままでも、おいしくいただけます。**多忙な人ほど、食材を蒸して常備菜を作ることをおすすめします。**

私は調理家電のヘルシオウォーターオーブンレンジを愛用しているので、それでよく豚肉のスライスを蒸してハムにしたり、鶏肉を蒸し焼きにします。ナスやパプリカ、大根などの野菜も蒸して常備

します。ほとんど欠かさずに蒸しておくのは、キノコ類です。シイタケやシメジ、マイタケなどを3種類（300g）まとめて蒸しておいて、それをだいたい2回に分けて食べます。

キノコを欠かさない理由は、値段は安いのに栄養価が高くておいしい、というこの3点が揃っているからです。キノコは万能で、味噌汁やスープ、煮込み料理でも、キノコを使ってマズい料理を作るのは難しいほどです。中でも私は、蒸すのが旨味を味わえて、一番おいしいと思います。

オーガニック食材にこだわらなくていい理由

外食をするとき、私はよくファミリーレストランを利用します。理由はサラダやソテーなどの野菜のメニューが豊富で、複数頼んでもそんなに高くならないからです。一番いいのは、サイゼリヤなどのサラダの種類が豊富なところです。

私は、いわゆるオーガニックカフェのようなところには行きません。値段が高いわりに量が少ないですし、そもそもオーガニックであることをそこまで重視していません。オーガニック野菜とは、農薬や化学肥料を使わずに、有機肥料で育てた野菜のことです。でも私は、肥料を与えている時点でオーガニックだとは言えなくて、本物のオーガニックは、無肥料に近い状態で育てたものだと考えています。

実際、北海道産などの本物の無肥料、無農薬のオーガニック野菜を食べたことがありますが、本当に、びっくりするほどおいしいです。それに比べて、**有機肥料で作ったオーガニックと、大量生産される無機肥料で作った野菜では、そこまで味の違いを感じません。**それなら、大量生産している野菜を値段を気にせず、たっぷり食べ

たほうがいいと思っています。

削るべきは食材費ではなく、外食費

前述した通り、私は自炊する場合、1食分の食材費を350〜500円にしています。私は都内在住なのでこの設定ですが、食材を安く調達できるエリアなら、もう少し安くできるでしょう。

1食350〜500円なので、1日3食で1050〜1500円、1ヵ月で3万1500〜4万5000円になります。平均的な食費から考えると、高めだと思います。ただ、これ以上削ろうとは思いません。なぜなら、その分しっかり栄養補給できているからです。

私たちは食べたものでできていて、体型や健康を保っています。そのおかげで病気にならずに済んで、仕事に対するやる気やプライベートを楽しむ余裕にもつながっていると考えれば、プライスレスだと思うのです。**削るべきは外食費で、自炊用の食材費はケチらずに使っていくのが賢い選択**でしょう。ただ、月に10万円を超えてくると懐が痛くなりますので、家計の中でのバランスを取ってください。

余談ですが、私は1週間くらい出張や会食が続いて、外食が増えると0.5〜1kg太ります。気をつけて、家で食べる量より少なくしても、です。

外食は、万人受けするように味付けが濃く、糖分も油分も多いことが原因だと思います。自炊生活に戻って、いつも通りお腹いっぱい食べても、体重はスーッと戻ります。そのたび、自炊の大切さを痛感します。

ハズレのリスクをコントロールして、適切に買い物をする

• • •

そもそも、買い物は何のためにするのか、ということから整理したいと思います。**私たちが買い物をするのは、人生をより充実させたり、豊かにしたりするためです。**食べ物をはじめ、洋服やスマホ、映画やコンサート、旅行など、自分では作ることができない、生きていく上で必要なものを、自分で稼いだお金と引き換えにして調達するわけです。

だからできるだけいいものを手にしたいと考えますが、残念ながら、買い物にハズレはつきものです。この点をまず自覚してください。

新製品は半分当たれば上々、新製品以外は予算内で

新製品に関しては、半分当たれば上々だと思って買ったほうがいいでしょう。それを百発百中にしようとして、価格比較サイトやいろんな口コミサイトを見て、ああでもない、こうでもない、と大量の情報を分析した結果、買わない、ということになりかねません。

新製品以外の商品も、百発百中ではないと割り切って、自分の予算内で決めたほうがいいと思います。

例えば、5000円以内のものだったら当たる確率が50%ありそうなら買う、1万円だったら当たる確率は70%以上ほしい、5万円だったら当たる確率が90%ないと絶対買わない、など。**予算ごとの**

主観的な最低確率を決めておくといいでしょう。

Webで下調べをして情報収集する

　そして、買う場所ですが、**私は店頭での買い物をあまりおすすめしません。**なぜなら、店頭で見つかるものは、食べ物でも洋服でも電化製品でも、なんでも種類が限られているからです。『決定力！ー正解を導く4つのプロセス』（早川書房）という、ビジネス界で大人気のハース兄弟が正しい決定の仕方についてまとめた本があるのですが、この本にもいい決定をする上で、最初にすべきことは選択肢を増やすこと、と書かれています。そのためにWebで下調べをして、実際にどんなものがあるかという情報収集をすることをおすすめします。

　実際の購入はWebでもいいし、店頭で実物を確認してからでも、どちらでもOKです。最近は、Webのお店でも、決済前に試着ができて、購入しない際の返品手続きが楽なところが増えています。でも、試着しても、本当の着心地は出歩いてみないとわからないものです。と、考えると店頭でも買えなくなってしまうので、まずは情報収集しながら、いろいろ検討するようにしましょう。

　それでも、時にはハズレを引くことがあるわけです。ただ、その商品を当たりに思う人もいるので、**ハズレだと思ったらメルカリやヤフオク！で売るのも手です。**そうしたリカバリー法を用意しておくと、ハズレを引くことがあっても、より適切な買い物ができると思います。

　買い物という行為が私たちを幸せにするのではなく、買ったものやサービスが役に立つから私たちは幸せになります。そこを履き違えてしまうと、買い物依存症になりかねないのでご注意を。

日常の些細なことでも、
交渉グセをつけて得をする

・・・

　交渉というと仕事の取引先との交渉をイメージする人が大半だと思いますが、実は日常的な些細なことにも交渉できることがたくさんあって、それをすると得することが多いです。

　例えば、中華料理店で小籠包の3個セットが600円だとします。4人で行った場合は1個足りないから2つ頼もうか、ということになりがちですが、その前に、店員さんに4個セットにできますか？と聞いてみてください。だいたいのお店はサクッとやってくれると思います。1個200円だから800円になります、という感じで。

　あと私がよくするのは、白米の玄米や雑穀米への変更や、コース料理のデザートをケーキから果物に変えてもらうことです。ほとんどの店ではOKしてくれます。

　家電量販店で値引きしてもらった人は結構いると思いますが、それは交渉したからですよね。交渉しても値下げしてもらえないかもしれませんが、値下げしてもらえる可能性もあるわけです。ダメ元でやってみる価値は大アリです。もし交渉に応じてもらえなかったら、その取引をやめればいいだけです。どうしてもその商品が欲しかったら、納得して元の値段で買うことを選べるでしょう。**つまり、交渉をして得することはあっても、損することは何もないのです。**

　交渉するとがめつい人みたいでカッコ悪いとか面倒くさいとか、あるいは相手に嫌がられるんじゃないか、などと思うかもしれませ

んが、相手はそれも仕事のうちですから慣れています。買う側も、交渉することに慣れたほうが、絶対得をするのです。

　快く交渉に応じてくれた人がいるお店には、また行こうと思うものですよね。交渉をきっかけにして、中長期的ないい人間関係を築けて、自分も相手も得をし合うこともあり得るのです。

家賃も給料も、交渉次第

　私は賃貸住宅に住んでいますが、新しいところに引っ越す際は、ほとんどいつも家賃の値引き交渉をします。家賃というのは、大家さんサイドからしたら、交渉されて下げられることを前提にした高めの設定になっているものです。だから、「周辺の物件を見ると、相場はこれぐらいのようなので、もう少し下がりませんか?」という感じで交渉すると、たいてい下げてもらえます。家賃を下げる代わりに、エアコンなどの設備を新品に交換してくれるケースもあるようです。

　だから、ぜひ皆さん、日常的に交渉するクセをつけて、どんどん得してください。

　実は、給料も交渉できるものです。よく、プロ野球選手が年俸更改するときに交渉していますが、あのイメージで、自分の働きに見合っていないと感じたら、ちゃんと賃上げを要求するといいと思います。正当な理由や根拠があれば会社サイドも考慮して、必ずすり合わせをしてくれるでしょう。

高所得者層ほど移行している格安SIMにする

● ● ●

　スマホというとまず、NTTドコモ、au、ソフトバンクの大手通信事業者（通称、大手キャリア）を思い浮かべますよね。その大手から通信設備を借りて、格安SIMを提供している事業者をMVNO（エムブイエヌオー／Mobile Virtual Network Operatorの頭文字）といいます。また、ソフトバンクのワイモバイルやauのWiMAXなどもあります。

　MMD研究所という機関の調べによると、2020年3月現在で、MVNO利用者は14%いて、ワイモバイル利用者を合わせると、格安SIM利用者は20%強になります。どういう人が利用しているかというと、格安だから経済的な余裕がない人が多いのかと思いきや、実は逆です。**高所得者層ほど、格安SIMへの移行割合が高いことが調査でわかっています。**

　理由は2つ分析されていて、1つは格安SIMを使う場合、端末を一括購入する必要があるためです（分割購入もできなくありませんが、手続きが面倒くさい）。2つ目は、事業者を自分で調べて選んだり、回線の切り替えをしたりするなど、ある程度ITリテラシーがないと移行できず、ITリテラシーが高い人は高所得者に多いため、と言われます。

　さて、この格安SIMに移行すべきかどうかですが、私は移行すべきで、**移行しないのはもったいない**と思っています。実際に、私は2年ぐらい前から格安SIMにしています。今は携帯を2つ使っていて、OPPOとファーウェイに格安SIMを1枚ずつ入れていて、

OPPOだけ音声通話ができるようになっています。娘は音声通話ができるものを1枚使っていて、3枚合わせて支払うようになっているのですが、3枚で月々いくらだと思いますか？　なんと3000円ちょっとです。

携帯はデータ通信料以外1000〜2000円

　格安SIMの問題点を1つ挙げるとすると、朝と夜の通信速度が遅くなることです。要は、みんなが多く使う時間帯です。遅いといっても1メガぐらいは出ますが、遅くなるのが嫌な人はデータ通信と音声通信を別の会社で契約するといいでしょう。

　私は、データ通信はデータ通信専用の会社にしていて、使う分だけチャージをする形で、2500円払って50ギガ契約しています。どこかに出張に行ったときなど、どんなに使ってもデータ通信は1日5ギガぐらいです。普段はどんなに使っても5ギガを超えることはないので、50ギガあったら家でも外でも通信量を気にせずに、使いたい放題です。YouTubeもバンバン見ています。

　いずれにしても、携帯電話料金というのはデータ通信以外、月々1000円ぐらいで、かかっても2000円だと思ってください。**もし今大手キャリアで、月々8000円とか1万円払っていたら、払いすぎている**と思うので、契約を見直すことをおすすめします。

　具体的に、どういう格安SIMにすればいいかというのは、ネットにたくさん載っています。それでもよくわからないときには、家電量販店に行くと全部ていねいに教えてくれます。ぜひ相談に行って、よりお得な契約を見つけてください。

自分のニーズに合った
定額制サービスを使う

• • •

人の印象を決める"面積"は、洋服と髪型がちゃんとしていたら、そんなにひどいことにはなりません。それを実現してくれるのが、定額制サービスの「airCloset（エアークローゼット／通称エアクロ）」と「MEZON（メゾン）」です。2019年の春にYouTubeチャンネルを開設して2カ月ぐらい経ったころ、視聴者の方から、ビジュアルがずいぶん改善したという声がたくさん届いたのですが、実は、そのときに利用し始めていたのが、この2つの定額制サービスでした。

コーディネートした服を送ってくれる

1つ目のエアクロは、ファッション業界の第一線で活躍するスタイリストたちが、コーディネートした服を送ってくれるサービスです。通常のS〜Lサイズではプランが2つあって、ライトプランが月6800円で1ボックス（トップス2着、ボトムス1着の3着で、2コーディネート）。レギュラープランは、月9800円で1ボックスずつ何度でも交換可能。クリーニング不要で返却でき、私はレギュラープランを2ボックス頼んでいます。

いずれも、クール、フェミニン、ベーシックなど、いくつかのカテゴリーから好みのタイプを選べ、毎回スタイリングの感想をフィードバックできるので、好みの範囲から外れることはありません。サイズも事前に登録するので、ちゃんとジャストサイズのものが送

られてきます。スタイリストはプラス500円で指名できます。私は、はじめは何人かのスタイリストにあたって、気に入った人が出てきた段階で指名しました。毎回スタイリングの感想をフィードバックできるので、専属性はどんどん高まります。

気に入ったものは買い取り可能で、プラス1000円でアクセサリーオプションもつけられ、私もつけています。だからトータルで、2万1100円です。この値段で、厳選された最低6着＋アクセサリーを借りられるのは、かなりお得だと思います。言い換えれば、一流のスタイリストを、服付きで月約2万円で雇えることとイコールです。

私の周りでも、エアクロユーザーが増えてきました。特におすすめしたい人は、私のようにあまりファッションに興味がなくて、ユニクロやGU、GAPなどを着ている人たちです。もともとおしゃれで、自分で洋服を探すのが好きな人には、必要ないでしょう。ちなみに、私はエアクロを始めてから、洋服ダンスの中にあったユニクロやGUの服を大量に処分しました。

自分の都合に合わせてサロンを選べる

2つ目は美容院の定額制サービス「MEZON」です。加盟店の中からお店を選べて月々、①1万6000円　②2万5000円　③3万3000円の3コースが基本で、①は平日にシャンプー、ブロー使い放題、②は平日も土日もシャンプー、ブロー使い放題、③はシャンプーとブローは平日に使い放題に加えて、月4回のトリートメントやヘアカラーができます。このほかに、月4回使えるチケットプランもあるようです。

私は②の平日も土日もシャンプー、ブロー使い放題のプランを利

用しています。加盟店は何百軒もあるので、その日の自分の予定に合わせて、都合がいい場所の美容院を予約するわけです。例えば、渋谷に行く用事があるときは、渋谷の美容院で、六本木に行く日なら六本木で、と。

初めのうちは、自分の家の近所にしていたのですが、そこはネット予約ができなくて電話予約のみで、それがちょっと面倒くさかったんですね。それで範囲を広げて、ネット予約ができるところを調べたら、結構たくさんあったのが銀座でした。

銀座だと何がいいかというと、一等地で美容院の数がものすごく多い上に、**メゾンの覆面調査員のおメガネにかなった厳選された店舗のみになるので、技術が信頼できる**、ということです。どの店に行っても、非常に優れた美容師さんばかりで、当たりハズレが本当にありません。もちろん、一度行って気に入ったところはリピートしていますが、自分の都合に合わせて他店を選んでもまったく問題ありません。私の髪はハネやすくてまとまりが悪いのですが、ちゃんときれいに整えてもらっています。

これからは、より一層定額制サービスが増えていくと思います。定額制のメリットは、ユーザーは通常の価格よりも安く利用でき、お店側は継続的にお金を払ってもらえ、ウィンウィンの関係にある点です。

まだ利用したことがない人は、ぜひ試してみてください。新しい形の消費体験ができると思います。

LIFE HACK

052

日本にないものは、個人輸入で安く買う

● ● ●

　私は個人輸入で海外製品を買うのが好きです。

　例えば、うちにある電動パンナイフは、アメリカの調理器具ブランド「Cuisinart（クイジナート）」のものです。

　ドリンクメーカーもアメリカの「KEURIG（キューリグ）」を愛用していて、ハーブティーやデカフェの紅茶のカプセルも個人輸入しています。

　個人輸入するメリットは2つあって、1つは日本で売ってないものが買えるということ、もう1つが安く買えることです。 日本のショップで売られる輸入品は2倍とか3倍の値段になりがちなので、個人輸入したほうが安いのです。

　前述のハーブティーのカプセルは、16個なら15ドル（約1620円）で個人輸入できます。日本のショップでも取り扱っているところはありますが、16個で3800円とかで倍近くするんですね。1杯240円ぐらいになるのはさすがに厳しいと思い、アメリカのAmazonで調べてみたら、半値で売られていました。輸送料を入れても、15ドルの1.5倍ぐらいで済むので2500円弱。日本で3800円のものを買うより、断然お得なわけです。

　Blu-rayもよく個人輸入します。日本だとまだ映画館でしか見られない作品でも、海外ではBlu-rayが売られていたりするからです。

　業務用で輸入するといろいろと規制がありますが、**個人輸入だと**

パッケージされていて、海外で安全性を認められているものであれば、そこまで大きな規制はありません。

つまり、個人輸入は日本にはまだないけど海外にはあり、生活を楽しくするものを安く購入できるということです。

日本のAmazonで買う感覚で個人輸入できる

どうやって輸入すればいいかという話ですが、一番簡単なのはアメリカのAmazon（amazon.com）を使うことです。日本のAmazon（amazon.co.jp）とは別のサービスなので、アカウントを作り直す必要がありますが、メールアドレスや送り先の住所、クレジットカード番号など、ごくごく基本的な情報をローマ字入力するだけでOKです。

そうすれば、日本のAmazonで買い物をするのと同じ感覚で個人輸入できます。最近、私はアメリカのAmazonで「宝石の煌き（splendor）」というボードゲームのための宝石を個人輸入しました。本体50〜60ドルで、送料が15〜20ドルくらいでした。

私は、アメリカのAmazonのほかに、同じくアメリカの通販サイト「eBay（イーベイ）」も利用します。

転送サービスを使う

ただ、AmazonにしてもeBayにしても、たまに日本への発送に対応していないショップだったり、日本への送料が異常に高かったりすることがあります。そんなとき、私は転送サービスを使っています。転送サービスを利用すると、海外のショップから発送される商品を同じ国にある転送会社が受け取って、それを日本の私たちに

転送してくれる、という流れになります。

　転送サービスにはいろいろありますが、私は「OPAS（オパス）」という会社のサービスを使っています。なぜここにしたかというと、OPASの所在地はオレゴン州で、オレゴン州は消費税がかからないからです。カリフォルニア州など、所在地によっては消費税がかかるので、消費税ゼロはポイントが高いと思います。そして、**ショップからOPASに商品が送られたら、ヤマト運輸で私の自宅までまた転送してもらいます**。

　OPASにしている理由は、消費税がかからないこと以外にもう1つあります。それは代表者が日本人の方で、トラブルが起きたとき日本語で説明できて楽かつ、対応が早くて信頼がおけるからです。

　また、OPASから日本に転送するときは国際郵便（postal）と国際宅配便（FedEx）、日本のヤマト運輸から選べて、全部試してみたところ、ヤマト運輸が圧倒的に早くてトラブルがありませんでした。値段は多少割高になりますが、私はヤマト運輸で送ってもらうようにしています。

　繰り返しますが、海外製品の中でも、特にアメリカのものは簡単に輸入できます。送料を含めても、だいだいのものが1.5倍ぐらいで手に入ります。日本のショップで輸入品を買うと、安くて2倍で、3倍になることもあるので、個人輸入したほうが断然お得です。

　もし、日本のショップで欲しいけど高いと思う輸入品があったら、アメリカのAmazonで検索して、いくらで売っているかを確認してみてください。本体価格だけではなくて、送料も安く済むことがあります。もし、日本へ発送していないショップや送料が異常に高い場合は、転送サービスを使ってヤマト運輸で送りましょう。

お金に対する罪悪感をなくす

• • •

　日本人の美徳である清貧の思想や質素倹約。最近はずいぶん変わってきたような気がしますが、それでもお金が大好き、お金をたくさん稼ぎたい、といった発言は好まれません。

　そのせいで、お金に対する罪悪感を持ってしまって、額が大きくなればなるほど、手にすることも使うことも後ろめたくて、気持ちよく対処できない、ということがあると思います。人によっては、いつもよりちょっと高いものを買うだけでも、すごく贅沢している気がして罪悪感を覚えることもあるでしょう。

お金って何だろう?

　まず、お金って何だろう?　ということを考えてみてください。例えば、私たちが着ている洋服。ほとんどすべての人が買ってきた既製品を1着以上着ていて、それは作り手がデザインやパターン通りに布を切ったり糸で縫ったりして、完成したらお店に運ばれて並ぶ、という工程を経たものですよね。**そう考えると、代金として支払うお金は作り手やデザイナー、運送業者、店員などに対する「感謝の表れ」だと捉えられます。**

　もちろん、たくさん払うこととたくさん感謝していることとは、イコールではないので、自分の収入に見合った予算で払えばいいわけです。どうしても、この作り手やメーカーを応援したい、という

気持ちがあれば、たまには予算をオーバーしてもいいでしょう。最近は自然環境保全に配慮したメーカーなどが増えていますから、購買行動を通じて、環境保全活動に参加できます。そうすることで、作り手と買い手のサスティナブル（持続可能）な関係も続くので、応援しようという気持ちは大事だと思います。

　対価として考えると、値段のわりに満足度が高ければ嬉しくなって、また利用しよう、という「つながり」ができます。逆に、値段のわりに不満が残るとがっかりして、もう利用しない、となります。

　実は先日、私はがっかりする体験をしました。半年ぐらい先まで予約が取れないという、客単価5万円の紹介制のレストランに仲間と一緒に行ったのですが、私を含め全員、もう二度と行かない、と口を揃えるような店でした。

　ズバリ、5万円の価値に見合っていなかったのです。予約が取りにくいということで高級人気店のイメージがついたのか、使っている食材はそんなにいいものではなく、味付けも普通かイマイチで……。たとえ1万円に割り引いてくれても、私は二度と行きません。

がっかり体験はいい勉強になる

　その店がなぜ成り立っているかというと、繁華街の近くにあって、クラブのホステスさんとその同伴客のお金持ちの人が主な客層だからだと思います。おそらく、クラブの人たちが席を何ヵ月分も買い取っていて、そのせいでなかなか予約が取れず、くしくもそれが高級人気店のイメージにつながった、というわけです。“同伴レストラン”としては、とても成功しています。

　ただ私は、そういうお店にお金を使い続ける気持ちにならないの

で1回限りにして、あー、いい勉強をした！　という形で終わらせるわけです。

　私が大好きでリピートするのは、ビジネスホテルチェーンのスーパーホテルや、イタリアンファミリーレストランのサイゼリヤです。あれだけのサービスやメニューをあの安値で提供してくれるというのは、尊敬に値するからです。だから積極的に繰り返し利用するし、人にもどんどん紹介して、事業が継続的に成り立つのを応援しています。

　こう考えると、**お金の使い方というのは自分たちの生きざまが出るもの**だと思います。自分はこういう人たちとつながっていたい、こういう社会にしていきたい、こういう幸せを築きたい、といった願望を実現するツールの1つがお金です。だから、私はたくさんお金を稼ぎたいと思いますし、1円たりとも無駄にせず、コストパフォーマンスの良し悪しを考えます。そして満足度の高い対象には、「感謝の表れ」として惜しまずに使うようにしています。

　そうした使い方を心がければ、気持ちのいいお金の使い方ができて、お金に対する罪悪感を抱くこともなくなります。

思考法ハック！

〈考え方を変えれば、どんどん幸せになれる〉

運をよくする4つの法則を知る

• • •

　リチャード・ワイズマンというイギリスの心理学者で、マジシャンとして世界的に活躍した経歴を持つ人がいます。彼が何千、何万という多くの人のサンプルを取って、どういう人が運がよくて、どういう人が運が悪いか、ということを科学的に分析しました。

　その結果が『運のいい人の法則』（KADOKAWA）という本にまとまっているのですが、その本によると、運をよくする法則は次の4つになります。

　① チャンスを最大限に広げる
　② 虫の知らせを聞き逃さない
　③ 幸運を期待する
　④ 不運を幸運に変える

❶ チャンスを最大限に広げる

❷ 虫の知らせを聞き逃さない

❸ 幸運を期待する

❹ 不運を幸運に変える

①たくさんの人と会って話す

1つ目の「チャンスを最大限に広げる」というのは何かというと、例えばレジに並んでいるとき、前や後ろの人とよく話す人がいますね。もしくは、新幹線や飛行機で隣に座った人によく話しかけるなど。結局、いろんな人との会話や交流を通じてチャンスは生まれ、新しい情報や知識を獲得することが多いわけです。だから、**なるべくたくさんの人と会ったり話したりして、チャンスを見つけたらチャレンジしてください。**それが、運を鍛える第一歩でもあります。

私がYouTubeチャンネルを始めたのも、10年ぐらい前から共同代表を務めている「にっぽん子ども・子育て応援団」という任意団体の企業サポーターとの交流会でGoogleの人事の人と仲良くなったのがきっかけでした。その人とGoogleの社員食堂でランチをしていたとき、YouTubeに転職していた昔の知り合いが合流してくれて、動画配信についていろいろ勉強させてもらった、という経緯があります。そんなふうに人から人に運ばれてくるチャンスもあって、チャンスは、どこで、どういうふうに広がるかわかりません。だからこそ、お茶や食事に誘われたら、よほどの理由がない限り、1回は会ってみるのがいいと思います。

②予感や直感を大切にして、自分はツイていると思う

2つ目の「虫の知らせを聞き逃さない」というのは、実は、私たちは悪いことが起こる前にちゃんと察知している、ということです。いわゆる予感や直感と言われるもので、言語化される前の段階で、こっちの選択をすると失敗しそうだとか、妙に心がザワつく、といった思いや感情で悪いことを察知するのです。いいことが起こるとき

も、成功するイメージがわいたり、テンションが上がったりします。

　そうやって察知しているのに、気のせいだろう、と片付けたり、理性的に考えたことに従ったほうがいい、と抑えつけてしまうと、必ずよくないことが起こります。だから、**理性ではなくて虫の知らせに対して敏感になって、重視したほうがいいのです。**

　私は、虫の知らせがあっても踏みにじったり、無視したりしがちなタイプです。これを無視してはいけないんだよなぁ、と思いながら、どうしても理性を上にして考えがちです。それで後になって、悔やむという……。私の場合、運をよくするためには、特に虫の知らせを大切にしなければならないということになります。

③幸運を期待していると、幸運が起きる

　3つ目の「幸運を期待する」というのは、**いいことが起きるかどうかわからないけど、起きることを期待する**、ということです。これに関しては面白い実験があります。誰にでもとても会いたい人が1人や2人いると思います。その会いたい人を実験で呼んできて、被験者がいるカフェに入ってもらいます。運がいい人は、すぐにその人の存在に気づくのですが、運が悪い人というのは、隣に座っていてもまったく気づかないのです。

　これはなぜかというと、普段から幸運を期待していると、何かいいことはないかな、とアンテナを張っているので、自然と視野も広がって、自分が会いたい人が座っていることにもすぐに気づけるというわけです。逆に、普段から幸運を期待していない人は、自分はツイていないと考えているので、会いたい人がそばにいても気づけません。長者番付の常連で、日本一のお金持ちとして知られる実業家の斎藤一人さんも、「自分はツイている」を口癖にしている、と

いうのは有名な話です。常に幸運を期待していることは、運をよく
するためには重要です。

④不幸の中から、次の幸運の種を探す

4つ目の「不幸を幸運に変える」は、「レジリエンス（ストレスを跳
ね返す力）」とか「セレンディピティ（幸運を捕まえる力）」にも置き換
えて言うことができるでしょう。

人というのは、運の良し悪しにかかわらず、不幸が平等にやって
くるものです。ただ、運が悪い人は悪いほうにのめり込んで、不幸
を引きずってしまうのに対して、運がいい人は、不幸をバネにし
て、幸運のほうに向かっていく土台にする力を持っています。いわ
ば、不幸が起きることによってより幸運になる、というサイクルを
持っているのです。**不幸が起きてもそれにどっぷりつからずに、目
を凝らせば、必ず次の幸福の種を見つけられるものです。**それを見
つけて、着実に歩いていくというのが、幸運の元になるのではない
かと思います。

リチャード・ワイズマン以外にも、幸運や幸福についてのアカデ
ミックな治験をまとめた研究書はいろいろ出ています。日本の幸福
学研究の第一人者は、慶應義塾大学の前野隆司教授で『幸せのメカ
ニズム－実践・幸福学入門』（講談社）という本が有名です。そうし
た本を参考にしながら、自分を不運だ、不幸だと無駄に嘆くことな
く、チャンスを最大限に広げて、虫の知らせをちゃんと聞き、常に
幸運を期待した上で、不幸が起きたら幸運に変えていくようにしま
しょう。

その心構えによって、どんなことがあっても、だいたい幸せでい
られるのではないかと思います。

055

持っているものに幸せを
感じて感謝をする

• • •

　幸せとは何か、ということを定義するのは難しいものです。お金があれば幸せなのか、仕事で大成功して地位を築ければ幸せなのか、大きな家や車があれば幸せなのか……。

　私が専門とする経済学は、1人1人の幸せを増やすためにはどうしたらいいか、ということを研究する学問です。お金を増やすための学問だと勘違いしている人がいますが、そうではありません。「効用」という、限られたお金と限られた時間、限られた資源の中で、どうやったら主観的な満足や欲望の充足をより多く得られるか、ということが基本的概念になっています。

　そのことを踏まえつつ、人生というのは1日24時間の積み重ねであることを考えると、私は日々「幸せだなぁ」と心から思える時間を増やすことが、幸せな人生につながると思っています。

　例えば、すごく暑い日や寒い日でも、エアコンのおかげで一定の温度に保たれた室内で快適に過ごせるのも幸せですし、愛猫のちろちゃんやあおちゃんが私の膝の上で、ゴロゴロ鳴いているのを聞きながらなでるのも幸せです。オカメインコのいちごちゃんとはもう16〜17年一緒にいますが、いちごちゃんが私の姿が見えなくなると、ピーピーと鳴いてくれるのも幸せです。

　週末に早朝からゴルフに行って、友達とおしゃべりしながらコースを回るのも本当に幸せですし、おいしいご飯を作るのも、それを食べるのも至福です。もちろん会食で、初めましての方を含め、い

ろんな方と、ああでもない、こうでもないとお話をして、ワハハハッと笑うことも。

　趣味の世界に没頭するなど、自分1人で感じる幸せもいいものですが、ほかの人や動物と一緒に感じる幸せのほうが、幸せが増幅します。ほかの人の仕事を応援して、それがうまくいくようになれば、自分のことのように嬉しくなって、応援した甲斐を感じられることでしょう。**そういった楽しいことや嬉しいことを1分でも1秒でも増やして、「幸せだなぁ」と味わうことが、シンプルに、だけど本質的に幸せになる方法です。**

　逆に、悲しいな、悔しいな、疲れたな、と感じる時間はなるべく少なくしたいものです。もちろん、そういったネガティブな時間はゼロにはできません。だから、どうやったらネガティブな時間を減らすことができるのか、ということを考えて、幸せな時間を増やす知恵に変えたいのです。

「感謝日記」をつける

　幸福学やポジティブ心理学など、どのような行動や考え方をすると幸せになれるか、ということを追求する学問では、自分が持っているものに感謝すると、より幸せになれるとされています。

　私たちはどうしてもないものねだりで、もっとお金が欲しいな、とか、もっとやせたいな、とか、もっと素敵な彼氏や彼女が欲しい、もっとおいしいものを食べたい、などなど、言いだしたらキリがないほど夢想する生き物です。けれども、ないものに目を向けるのではなくて、今持っているもの、今あるものに目を向けて、そのことに感謝したほうが幸せへの近道になるわけです。

　それを一番簡単に実践する方法は、**毎日ありがたいと思ったこと**

を書く「感謝日記」をつけることです。例えば、ご飯がおいしくできて嬉しかったとか、友達にあげたプレゼントを喜んでもらえたとか、些細なことで構いません。そういったことを2つでも3つでもいいから、毎日日記に書いていきます。それを1ヵ月続けると、幸せの数は相当なものになります。

　1年続けたらもっとで、**今持っているものやあるものに対して幸せを感じて感謝する、**というのが自分の思考習慣として根づきます。日々生きているというより、生かされていることに気づいて、そのこと自体に感謝できるようになるでしょう。

　だからといって、さまざまな問題や違和感は生じるのが人生です。でも、その問題や違和感に対処するときも、自分にはこれだけのものがあるんだ、という感謝の気持ちがあったほうが、問題を先送りせずに、しっかり対処できると思います。

　人間は欲深い生き物ですから、欲しいものを手に入れても、またすぐに、ほかに欲しいものが出てきてしまいます。それを追いかけるといつまで経っても満たされることがなく、幸せだなぁ、という心境にはなかなかたどり着けません。だからいったん、自分が今まで積み上げてきたものを見返して、自分はこれだけのものを持っていて、これだけのものがあるんだ、と確かめると、あれもこれも、どれもそれも欲しい、というふうにはならなくなると思います。

　私も、感謝日記を再開しようと思っています。いっとき、1年ぐらい書いていましたが、最近はもっぱら心の中でつけている状態です。でも、ちゃんと言葉にしたほうが、新たな発見や気づきもあって、感謝の気持ちが芽生えやすくなります。皆さんもぜひ感謝日記をつけてみてください。

056

起きていることは
すべて正しい

・・・

「起きていることはすべて正しい」というのは、私の座右の銘の1つです。私たちはつらいことが起きると、その現実から逃げたり、現実の認知を歪ませようとしたりしてしまいます。**でも、起きていることは起きた時点で事実になっているので、起きた通りに正しく受け入れるしか選択肢はありません。**目を背けないで、いったい何が起きたのか、しっかり把握をするしかないのです。

人は、起きるはずがないと思っていたことが起きると、反射的に否定したがります。こんなはずじゃないとか、これは間違いだといった理由をつけて、本当はこうなるはずだったんだ、と起きてほしかったことに意識を向けがちです。そうしたところで、事実は絶対に変わることはありません。

だから、起きていることはある意味すべて正しいと自覚して、次の行動を考えることが大切です。**たとえどんなに状況が苦しくても、今起きていることが将来の礎になって、成長の元になることは必ずあります。**それを見つけてバネにして、前に進んでいこうじゃないか、という考え方です。

私は今51歳ですが、20代のころは自分の思い通りにいかないことが起きるとイライラしたり、凹んだりして、全部を否定していました。起きていることはすべて正しい、と思えるようになったのは40歳前後ぐらいです。

常に、悲しいことや苦しいこと、悔しいことは起きます。起きて

しまったことは、過去の出来事と同じで変えることはできないわけです。変えることができるのは、未来に対する考え方と行動です。

無駄な抵抗をせずに楽になる

　選択理論心理学という考え方があって、人は常識や他人の意見ではなく、自分はこうなりたいという動機に基づいて思考や行動をしていると、多少迷走することがあっても、ちゃんと前に進んでいけると言われます。

　また、セレンディピティという幸運を捕まえる力に関する考え方もあります。これは『セレンディップの3人の王子たち』というおとぎ話に由来していて、3人の王子さまが修行の旅に出て、さまざまな偶然の出会いや紆余曲折があって、そこで成長して帰ってくるという話です。

　それと同じように、**私たちも今現在こんなはずではなかったという困難や苦境があったとしても、それがあったほうが5年後や10年後に、自分にとってよかったと思えることが多いのです**。だから、起きていることが正しいという認識のもとに、すぐさま未来に対する考え方と行動を積み重ねることができたら、より成長できて、あとあとよかったと思いやすい、と私は解釈しています。

　この「起きていることはすべて正しい」ということは、できるだけ常に意識しておかないと、こんなはずではなかったとか、本当はこうなるべきだった、と自分に都合のいいほうに話がいきがちです。だから、困ったことが起きても、これは起こるべくして起こったんだ、と受容して、将来的にはきっといいことにつながるのだ、と切り替えたほうが、多様な考え方ができるでしょう。

　何かの宗教の説教ではありませんが、起きていることはすべて正

しいと考えると、無駄な抵抗をせずに済むので、いろいろと楽になって、しなやかな生き方ができると思います。

強い生き方には憧れますが、強すぎるとある日突然ポキッと折れてしまうことがあります。それに対してしなやかな生き方というのは、いろんなことで苦境や、紆余曲折があったとしても、適応しながらすり抜けていくことができるわけです。

そういう姿勢であれば、短期的に苦境や悲しいこと、つらいことがあっても、中長期的にはだいたいうまくいくと思います。

昨日より今日、今日より明日。そのつどベストな選択をして、よりよくなる毎日を送りましょう。

忘れる力を最大限に活用して、嫌な記憶を上書きする

• • •

　私たちは日々の暮らしの中で、いろいろな体験をします。その記憶は脳に短期記憶やワーキングメモリーとしていったん置かれて、何回も繰り返すものは長期記憶として保持され、再構成されています。

　記憶を思い出すときは、記憶のピースを組み立てて、脳内で体験したときの状況や感覚を再現しますが、記憶というのは面白いもので、実際に体験していないことも混ざったりするそうなのです。偽記憶といって、例えば小さいころに遊園地で迷子になった、という嘘のエピソードを、親や学校の先生など説得力がある人から聞かされると、本当の記憶だと思い込んで、記憶に混じってしまうのです。

　またすごく便利な面もあって、私たちがあまり思い出したくない記憶はちゃんと忘れます。正確に言うと、まったく忘れるわけではなくて、記憶のはるか彼方の不便な場所に入ります。生死に関わるようなつらい体験は、PTSD（心的外傷後ストレス障害）になって、ふいにフラッシュバックして記憶がよみがえることがありますが、日常レベルのつらいことは、基本的には簡単に取り出せない場所にしまわれて、忘れた状態になります。その「忘れる力」を利用して、嫌な記憶はなるべく忘れたほうがいいと思っています。

　私は日ごろから、「三毒追放」と名付けた、**①妬まない　②怒らない　③愚痴らない**、という３つを実践しています。これは何のためにやっているかというと、**嫌なことをもう一度頭の中で体験しないようにして、嫌な記憶ができないようにする**のが目的です。嫌な

記憶は、忘れようとすればするほど、頭の中でリピート再生されてしまいます。すると記憶が強化されて、忘れたいのに忘れられないことになってしまいます。だったら初めから、妬みや怒り、愚痴などのネガティブなことはしないほうがいい、と考えています。

好きなことや楽しいことをするのが一番

　当たり前ですが、嫌なことは起きるし、嫌な人に会うこともあります。そういうときは怒ったり悲しくなったりするのが自然な反応で、それらの反応を止めることはできませんが、あとあとまで引きずらないようにしたいわけです。いったい、どうやって引きずらないようにするか。**脳内で、嫌な記憶を新しい記憶で上書きするためには、好きなことや楽しいことをするのが一番です。**好きなスポーツや趣味をしたり、仲のいい人とご飯に行ったり、ペットと遊んだり、仕事に打ち込むというのもアリです。嫌な記憶が入っている短期記憶やワーキングメモリーを、別の用途にあてることによってリピート再生できなくするのです。

　くれぐれも、忘れたい記憶のトリガーを引くようなものは、目につくところから排除してください。その上で、好きなことや楽しいことをしてストレスを減らして、今の心と体を満たしていくと、嫌な記憶がリピート再生されなくなります。また、よく寝ることも、忘れる力をつけるために欠かせません。脳をしっかり休ませないと、忘れようにも忘れにくくなったり、新しい記憶で古い記憶を塗り替えようにも、塗り替えにくくなったりするからです。

　日々いろいろなことが起きると思います。だからこそ、この忘れる力を利用して、嫌な記憶はどんどん忘れるようにしましょう。それが日々幸せに暮らす1つの知恵です。

変化への恐怖心を克服して、新しいものを手に入れる

・・・

　私たちには常に、「現状維持バイアス」という、現状を快適だと思って、その状態を維持しようとする心理作用が働いています。それは当たり前のことで、長年生きてきた中で、そのつど自分にとって一番よいであろう選択をし続けてきた結果が今だからです。**その現状を変えることは、今よりよくなるかどうかわからない、というリスクを背負うことになるから、現状を維持することを好むわけです。**

　iPhoneユーザーが、人からAndroidのほうが使い勝手がいいとすすめられてもなかなか変えられないのも、現状維持バイアスのせいです。現状はiPhoneで特に不自由がなく、Androidに変えたら使い勝手がよくなるかもしれないけど、使いにくくなることもあるかもしれないから変えない、と考えます。

　この現状維持バイアスに加えて、私たちはとにかく損をしたくないから、損失を全面回避する方法を最優先に考える、という行動心理が働きます。経済学用語でプロスペクト理論と言いますが、将来の利益については割り引いて考えて、将来の損失については大きめに考える傾向があります。

　例えば、100%の確率で30万円得する取引と、50%の確率で80万円得する取引があった場合、どちらを選びますか？　きっと、多くの人が、100%の確率で30万円得する取引のほうを選ぶでしょう。50%の確率で80万円得する取引は、50%の確率で80万円を失う取引ですから、こういうリスクの高い取引をして将来性が不安定になる

ものはみんな嫌がるのです。80万円を得る確率と失う確率は50%ずつで同じなのに、失う確率のほうが大きく見えてしまうのです。これがまさに、変化を嫌う性質で、克服するには、自分にはこういう傾向があるということを知っておくことが、初めの一歩になります。

最初はちょっとだけ変える

　次の一歩は、実際に変化してうまくいっている人を見ることで、踏み出しやすくなります。同僚や友達や、友達の友達でもいいのですが、変化というリスクを取ってもうまくいっている人を見ると、私たちは安心して、なんだ、大丈夫なんだ、と思って変化する決断をしやすくなります。

　そして、もし決断できたら現状を大きく変えないで、まずはちょっとだけ変えてみてください。私がiPhoneからAndroidに移行したときも、そうしました。具体的に言うと、いきなり最上位機種のAndroidを買うのではなく、安い機種を買いました。つまり、**変化に伴うリスクを最小限に抑えた選択をして、それでいけそうだと思ったら、大きく現状を変える**というやり方です。経済学用語ではリアルオプションといって、まずは小さいオプション（権利）を買って、そのオプションがいいと思ったら買い足すわけです。そうやって、段階的に変化していきます。もし変化の途中でダメだと思っても、元に戻りやすくなります。そうやって、元に戻れる手筈を整えておくことも、変化に対する恐怖心を抑える一助になります。

　思い切って変化してみたらよかった、ということもたくさんあって、誰でもその経験をしているはずです。そういう経験をすればするほど、変化に対する恐怖心がなくなる、すなわち、現状維持バイアスがなくなって、新たに手に入れられることが増えていきます。

「わかる」ではなく「できる」ようにする

・・・

頭ではわかっているけど、実行できない。やろうと思っているんだけど、なかなかやれない。こういうことはよくあります。なぜ起きるのか。また、なぜ何度も繰り返してしまうのか。突き詰めて考えていくと、**わかっているけど、できないというのは勘違いで、できないことは、わかっていないだけ**、なのです。

最新の心理学や脳科学の研究によると、私たちが頭で把握したり考えたりすることというのは、体の五感や無意識、ホルモン、神経回路などのほんの一部の表層的なものを言語化して捉えているにすぎない、という仮説が立てられています。つまり、頭というものは本質的にはあまり存在していないのではないか、ということです。

いっぽう、実際に行動するには実用的なノウハウや知識、技術などが必要です。その頭と行動の隔たりが大きいから、頭ではわかっているけど、実行できない、ということが起きるわけです。

英語の習得で例えるとわかりやすいと思いますが、英単語や文法をちょっとわかっているだけでは、英語を理解する処理スピードは追いつきません。莫大な単語力があって、ちゃんと文法を理解していないと、スムーズに英語で会話をしたり英文を読んだりすることはできません。それと同じように、ノウハウや知識、技術が実用に耐え得るレベルにならないと、頭でわかっていることを実行に移せない、という状態のままなのです。

人が何かを失敗したり、うまくできなかったりする様子を見て、

なんであんなにできないんだ、と思ったりもしますが、実際に自分がやるとできないことや難しいことはたくさんあるわけです。

私たちが「わかる」から「できる」ようになるには、実際にやって失敗を繰り返したり、できる人から教えてもらったりして、成功するためのノウハウや知識、技術を増やして、経験を積んでいくしかありません。

「わかる」と「できる」の大きな隔たり

私たちはなぜか、頭でわかっていることはすんなり実行できるはず、と考えがちですが、それは勘違いです。**「わかる」と「できる」には、ものすごく大きな隔たりがあって、どんどん実行することで、わからないことが減って、わかっていくようになる**、と考えを改めましょう。

繰り返しになりますが、私たちはわかっているけど、できないのではなく、できないことは、わかっていないのです。実際の行動に移すためのノウハウや知識、技術が身についていなくて、経験が足りない状態と言い換えることもできるでしょう。

そう考えると、むやみやたらにわかった、というのは憚られて、謙虚な気持ちになります。新しいことをやって成功させるには、いろんなことを身につけて、失敗する覚悟も必要になるということですから。

また、1つのことができるようになるには時間がかかるから、ある程度したいことを絞り込む必要も感じます。そうしないと、できることが増えなくて、わからないことも減っていかないと思います。

苦労・我慢・努力依存症から抜け出す

• • •

　私は常々、無駄な苦労や無駄な我慢、無駄な努力はしないほうがいいと言っていますが、なかなか無駄な苦労や我慢、努力が好きな人は減ってくれません。その理由は、何かを達成すると報酬として分泌される、ドーパミンというホルモンが影響していると思います。

　ドーパミンは快楽物質や脳内麻薬とも言われ、達成感が大きくなるほどドーパミンの分泌量も増え、得られる報酬も大きくなります。だから、多くの人がつらいマラソンや山登りにハマるわけですが、スポーツや趣味の範囲だったら、何の問題もありません。

　問題は仕事や家事においてで、必要以上の我慢や苦労、努力を好むと、働くことの価値観が歪んで、成果よりも我慢や苦労、努力の量が大事、というふうに履き違えるようになるのです。

　とにかく苦労や我慢、努力をすることが尊い、と考えだすので、手際よくやっている人を見ると、ズルいとか汚いとか言うようになってしまいます。**尊いのは苦労や我慢、努力よりも、それらをした結果、大きな成果を得られることです。もし得られる成果が同じだったら、苦労も我慢も努力もしないほうがいいに決まっています。**

　毎回思い通りにできればいいですが、仕事も家事も成果物で評価されるものなので、できないことも多いと思います。それで落ち込むのなら、必要以上の苦労をかけずに、成果を出す方法を探したほうが、自分自身を疲弊させずに済みます。

　そのために、ドーパミンの分泌メカニズムを覚えておいてくださ

い。私たちが苦労をすればするほどいい、というふうに考えがちなのは、ドーパミンという快楽物質や脳内麻薬が欲しいにすぎません。ある意味、脳が間違って解釈しているだけです。成果に対して正しく報酬を出すように正せば、プロセスについては無駄な苦労や我慢、努力も省くことができます。

料理もペットの世話も無駄を省く

　私は料理をするとき、調理家電のヘルシオやホットクックを愛用していますが、この2つを使うと、簡単に、高級店の味に負けないおいしいものができます。そのことも常々発信していて、多くの人から嬉しい反響をいただきますが、ごくたまに、調理家電を使った手抜き料理は料理とは言わない、といった感じで否定する人がいます。そういう人たちは、調理家電を使うと、それまで時間をかけていた工程が不要になって、達成感が減ってしまうことを恐れているのかな、と思ってしまいます。

　また、うちは愛猫のトイレは自動です。昔は私も手で掃除をしていました。自分でやったほうが愛情をかけられる、という人もいますが、自動トイレもいつも清潔に保っているし、私が出張などで丸1日いないときにも、猫たちは清潔なトイレで排泄できるので、私は自動トイレにしてよかったと思っています。餌やりも自動給餌器で、水も自動給水器を使っています。猫たちにとってマイナスになることがないことを確かめた上で、私自身の手間を減らすためにすべて自動にしました。

　本当に大切なことは何か。その視点で、仕事と家事のやり方を見直して、無駄な苦労や我慢、努力を見つけたら排除しましょう。そして、その分の時間は好きなことに使うことをおすすめします。

061

悪癖をやめられないのは
メリットがあるから

・・・

　部屋を片付けられない、タバコやお酒をやめられない、お金の無駄遣いをやめられない……。こうしたいわゆる悪癖と言われるものは、ほかにもたくさんあると思います。

　なぜ、悪癖はやめられないのかというと、やめないことによるメリットがあるからです。

　部屋を片付けられない人の場合、ものに囲まれていないと不安で、ものに囲まれていることで安心する、というケースが結構あります。あるいは、片付けてもきれいな状態を保つことはできない、と諦めていて、あとでがっかりするぐらいなら、最初から片付けられない自分を認めたほうが傷つかずに済む、という一種の自己防衛本能が働くケースもあります。

　タバコやお酒をやめられない人は、ストレス解消法として摂取しているケースが多いのでしょう。仕事に対する不服や人間関係のゴタゴタなど、つらい現実を忘れるために、吸ったり飲んだりしているわけです。こういう人は、もしタバコやお酒をやめられたとしても、別のストレス解消法が必要になると思います。

　お金の無駄遣いもストレス解消法になっていて、お金をたくさん使うことで気持ちよさを感じています。例えば、誰も自分を大切にしてくれない、ということがストレスになっている場合、たくさん買い物をして、店員さんに丁重に対応してもらうことで、自尊心を満たしています。

　恋愛に関する悪癖の1つ、ダメな男の人ばかり好きになる"だめんず・うぉ〜か〜"は、もっとも難しい例かもしれません。漫画の作者は私の友達の倉田真由美さんですが、ダメな男の人にハマってしまう人は、まったくしょうがないなぁ、とか言いながら世話をしてあげたり、尽くしたりすることで自分の心の穴を埋めて、自己満足感を得ています。だから、周囲からどんなに反対されても、ダメな相手を好きになるのをやめられないのです。

　いずれの悪癖も、自分のメリットにつながる何かが隠れている点に、克服する難しさがあるわけです。

1日「0.2％の改善」を

　もし悪癖とわかっているのにやめられないことがある場合、それによって自分は何を守っているのか、どんなメリットを得ているのか、ということを考えてください。

　そして、メリットが欲しい理由は何か、メリットがなくなったらどうなるか、ということについても掘り下げてください。そうすることで、本当に向き合うべき問題が少しずつわかるようになって、根本的な解決につながると思います。

　短期間に、劇的に変化すると必ずリバウンドするので、おすすめしません。変えたいと思っていれば、ちょっとずついい方向にスライドするようにしていくことで変われます。

　ずっと前から、私は「0.2%の改善」と言っていますが、1日に0.2%ずつ改善できれば、1年後には劇的に変化します。スタートの値が100だとしたら、1日0.2%改善されたら$100 \times 1.002 = 100.2$になって、その翌日は100.2の0.2%増しだから$100.2 \times 1.002 = 100.4004$に。わずかな変化のようですが、乗数で増えていくので、

1年365日続けると100に1.002の365乗をかけることになるので、およそ207。改善量は約2倍になるのです。

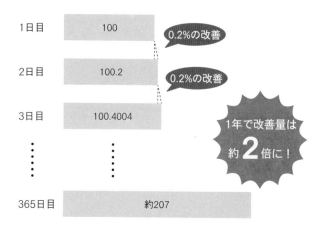

片付けも一気にやると大変ですので、まずはこの引き出しからやってみよう、という感じで少しずつやると、片付けたことで得られる新たなメリットに気づけると思います。

タバコやお酒、お金の無駄遣いは、とりあえず今日1日だけやめよう、というので十分です。1日やめてみると、自分に対する新しい発見や気づきがあると思います。それをメリットに感じたら、もう1日やめてみる動機につながるはずです。その積み重ねによって悪癖を徐々にやめられて、本当に向き合うべき問題も解決するでしょう。

くれぐれも急がずに。やめることに何度失敗しても、やめることをやめなければ、いつか必ずやめられます。

利他心を持ち、
相手にできることは全部する

・・・

　私が大事にしている第一の価値観は利他心です。利他というのは利己の逆で、利他心とは、他人が利益を得られるように振る舞う心構えのことです。なぜ、私がこの利他心を大事にしているかというと、答えは簡単で、**お互いに助け合ったほうが、すべてが楽でスムーズにいく**からです。

　こういう実験があります。まず利他的な人と利己的な人をテストをして分けて、その結果を知らない人たちがガラス越しに彼らの態度や表情などを見て、どちらが利他的で、どちらが利己的かを当てる、というものです。その結果、偶然以上のはるかに高い確率で、どちらが利他的で、どちらが利己的かを正確に判断できることがわかっています。とても面白いと思いませんか？

　私は「道聞かれ顔」と呼んでいますが、道に迷って誰かに聞くとき、さっと見渡して、この人なら教えてくれそう、という人に聞きますよね。同じように、私たちは誰かに親切にするとき、この人に親切にしたら、あとあと何かいいことがありそうだな、と無意識のうちに判断をして相手を選んでいるそうです。

　それはある意味、人間の摂理として当たり前のことですが、度が過ぎると自分を見失いそうで怖い気がします。だから私はポリシーとして、自分と他人の区別をなるべくつけずに、自分がやってほしいことは相手にもする、ということを基本にしています。もちろん、自分の負担にならずにできる範囲ですが、できることは相手に

も全部する、ということを繰り返しています。

　本当に些細なことですが、駅のエレベーターのボタンを押しておいて、人が降りるのを待つとか、ベビーカーを押すお母さんがいたら、荷物を持つのを手助けする、などです。電車の中でも、なるべく座らないようにしていて、座っている場合も、高齢者や小さいお子さん連れの人が来たらすぐ譲ります。知り合いから、こういう人を知らない？　とか、これってどういうことだかわかる？　と聞かれたときにも、できる限りのことをするようにしています。

　なぜなら、それらは、**自分がやって気分がよくなって、嬉しくなること**だからです。

無理をしてまで親切にする必要はない

　ペイフォワードという考え方があって、自分がAさんに親切にすると、AさんはBさんに親切にして、BさんはCさん、CさんはDさんという形で親切が循環して、その親切がめぐりめぐって自分に返ってくる、というものです。

　自分がAさんにした親切が、Aさんから直接返ってこなくてもいいのです。自分の家族や友達など身近な人たちから、あるいはコミュニティから会社、国、世界と親切の輪が広がって、自分のところに戻ってくるというイメージです。

　仮に、私が道を聞かれて教えた場合、私が教えた相手の土地勘がある場所に行って再会し道を聞く、という確率はものすごく低いです。そもそも、道を聞かれて教える場合、そんなことは期待しません。ただ単に、人に親切にすると気分がよくなるからするだけのことです。相手から「ありがとう」と感謝されたら、さらにいい気分になります。

　すると、体にもいい変化があって、血流がよくなることがわかっています。血流がよくなることは、さまざまな炎症や病気の予防になりますから、本当にいいことずくめです。

　ただ1つ、注意すべきことがあります。それは、無理をしてまで親切にはしない、ということです。あくまでも、親切は自分の負担にならない範囲で行うことです。そうしなければ、親切は循環しません。その点だけ注意して、自分ができる限りの親切をすることをおすすめします。

　私は「ギブの5乗」とも呼んでいますが、ギブ＆テイクではなくて、**自分ができることのすべては、ギブ＆ギブ＆ギブ＆ギブ＆ギブで、ひたすらギブしていく**わけです。そうすると毎日気分よく過ごせて、幸せになれます。すごく楽しいことなので、ぜひやってみてください。

自分のダメな部分を
潔く認める

• • •

ときどき、自分が人の力になれなかったことをいつまでも悔やんでしまいます、という人や、いつもしっかりチェックしているのに、あとで間違いが見つかってすごく落ち込みます、という人からアドバイスをください、と言われることがあります。

誰にでも、力になりたくてもなれないことはあるし、どんなにチェックしても間違いはつきものです。それでも、**いつまでも悔やんだり、すごく落ち込んだりしてしまうのは完璧主義の人に多くて、その理由は、自分はもっとできるはずだ、失敗なんかするはずがない、という前提があるからです**。だから、できないと自己嫌悪に陥ってしまうわけです。

私たち人間は不完全でよく間違うし、記憶力は悪く、いろんなことがダメダメです。だから、みんなで助け合って生きているのです。そのことを忘れて、自分だけ完璧にしよう、と思うというのは、自分のダメな部分を受け入れきれていない証拠です。

誰しもダメダメなのですが、それぞれちょっとだけ光るところがあって、その光るところを使って仕事をして稼いだり、人を助けたりすればいいのです。ダメなところが8割、9割で、光るところは1割ぐらいではないでしょうか。

だから、自分の思い通りにできなくて当然で、誰かの助けが必要、ということを前提にしないと、生きるのが苦しくなってしまいます。失敗するのは当たり前なので、**失敗したら一生懸命リカバリ**

一に努めればいいだけなのです。

自分でなんでもすべて完璧にやるというのは幻想

　実は、私は「うっかり村」の村長を仰せつかっています。うっかり村というのは、いつもうっかりしていて、うっかりしていることが当たり前になっている人たちのことです。鍵をなくす、スマホをなくす、忘れ物をする、約束を忘れる、日付を間違える、しまったものの場所を忘れる、人の名前を間違える、お財布や免許証、保険証、パスポートなど大切なものをなくす、などなど。そんなうっかりな友達が15人、集ったことがあります。

　なにせ、うっかり村の村民ですから、日付を間違える人や駅を間違える人、ビルを間違える人が当然のように出てきます。また、集まってびっくりしたのは、どことなくみんな雰囲気が似ていることです。思い込みが激しいけど、正直で親切な人たちで、みんな人がいい。

　なぜうっかりしている人はいい人が多いか、わかりますか？　自分がダメすぎて常に人に助けてもらうのが日常的になるので、人に助けてもらうこと自体に躊躇がなくなると同時に、積極的に人を助けようと思うようになるからです。

　ダメなところを認め合えば認め合うほど、人生は楽になります。自分でなんでもすべて完璧にやる、というのは幻想です。そんな人は、世界中のどこを探してもいません。

　自分でできないことは、どんどん人に頼みましょう。自分がベストを尽くしたつもりでも、失敗するときは失敗するから、そのときは素直にごめんなさいと謝って、リカバリーに努めましょう。くれぐれも、相手のダメなところを認めてあげることも忘れずに。

選択ミスのリスクを下げる
工夫を欠かさない

・・・

　Aという選択肢とBという選択肢があって、どっちがいいかわからなくて迷いに迷い、時間切れになってパニック気味にBを選んだら悪い結果になってしまい、やっぱりAにしておけばよかった、というようなことはありませんか？　この、迷いに迷った挙げ句に悪いほうを選んでしまう、というのは、どうしようもないことのように思えますが、実は防ぎ方があります。ここでは物事を選択し、決定する際のミスを防ぐための大事なポイントを紹介します。

　まず、物事を決定するときに一番大事なことは、選択肢を増やすことです。例えば、洋服をショップやデパートに行って買おうとするとき、自分のサイズと予算に合わせて、数十着とか数百着の中から選ぶことになります。いっぽう、ネットショップで買う場合は、試着はできないものの、何万着もの中から選べます。いったいどちらがいい買い物のできる可能性が高いかというと、圧倒的に後者のネットショップです。

　就職先や転職先などの人生の進路を決めるときも、全く同じことが言えます。大半の人が、家族や先生などから、この業界がいいんじゃないか、この会社がいいんじゃないか、という選択肢をもらってから考えることが多いと思います。そうではなくて、まずは、自分にはどのくらいの選択肢があるのか、という視点に立って、より多くの選択肢を用意することが重要です。

　選択肢をたくさん用意するのは手間がかかりますし、その中から

1つを選ぶには時間がかかります。しかし、選択肢を山のように用意すると、ピンとくる選択肢が必ずあります。あ、これだ！ と直感的に察知できるものです。別の言い方をすると、ピンとくる選択肢と出合うまで、選択肢を増やすことに時間を使うべき、ということです。これが物事を決定するとき2番目に大事なことです。**どっちもピンとこなくて迷う、というのは選択肢の質が悪いせいです。**どっちも選ばないで、ほかの選択肢を探すことをおすすめします。

　3番目に大事なことは、選択肢を増やしてピンとくるものを選んでも、一定の確率で選択を間違うので、間違ってもやり直しをしやすい選択をする、ということです。人間ですから間違って当然で、常に正しい選択ができる、なんてことはあり得ません。そのことを踏まえると、間違っても、やり直しをしやすい選択をするのがベターです。

　例えば、住居を選ぶとき、まず持ち家か賃貸かという大きな選択肢がありますが、042でも書いたように私は家を買うことを積極的におすすめはしていません。なぜなら額が大きいから、選択を間違ったと思っても、やり直しをしにくいからです。どうしてもやり直したい場合は、数百万円単位で損する覚悟が必要です。それに対して、賃貸なら選択を間違ったと思ったら、住み替えればいいので、持ち家ほどのリスクは背負いません。

全身振動マシンを買ったときの実例

　昨年、アメリカ製のとある全身振動マシンがとても体にいいと、そのマシンのエンジニアの人からすすめてもらったことがありました。1秒間の振動数が多い上、振動が上下、左右、前後という3Dで加わるというもので、小さいものが約33万円、大きいものが約

120万円でした。

　私は、人からいいよとすすめられたものはわりと買うほうですが、これは迷いました。迷ったポイントはいくつかあるのですが、まずは値段です。33万円にしても120万円にしても、ものすごく高いので、いくら体にいいことがわかっていても、ポンと気軽に買うことはできませんでした。

　また、マシンの性能にも迷いました。類似品を検索したら、1万円台から50万円台まで、いろんなものが出ていて、中にはオリジナルのものよりもよさそうなものもあったりして、丸2日間ぐらい、私の頭の中は全身振動マシンのことでいっぱいでした。このマシンを買うべきか、どうか。もし買うとしたら、オリジナルのものがいいのか、あるいは類似品を買うべきか……。迷いながら、今まで見たものはどれもピンとこないから買うべきではない、と判断しました。

たくさんの選択肢を用意して、ピンとくるまで買わない

　そしてふいに、このマシンはアメリカではいくらで売っているんだろう、と気になって検索をしたところ、日本で33万円のものは1200ドルで、3分の1くらいの値段で売られていることがわかりました。120万円のものは2700ドルぐらいで、4分の1以下でした。

　これはロボット掃除機のルンバなどでも似たケースがあります。日本に代理店があって専売されているものは、アメリカや諸外国の値段の3倍や4倍で売られているものが平気であるのです。値段が高い分、価値も高いと思わせていますが、実は代理店のマージン分であって、決してその本体の価値ではありません。

　加えて、そのオリジナルの全身振動マシンのアメリカでの評価を

見たらあまりよくなく、代わりに、300〜400ドルの類似品が主流になっていました。300〜400ドルのものは、＋120ドルぐらいで輸入できるので、500ドルぐらいで買えます。それを買おうと思ったのですが、電源のボルト数が微妙に違うことや説明書やトレーニングプログラムが全部英語だということ、さらに初期不良などで返品したい場合は、また＋120ドルかかることがネックになりました。

それでも、全身振動マシンは欲しかったので、日本で売っている類似品を見直して、これだ！　と思った3万5000円ぐらいのものを買うことに決めました。

3万5000円であれば、オリジナルの33万円の全身振動マシンを買うのに比べて、10回失敗したっていいわけです。万一、返品する必要があっても送料はかからないので、選択を間違った際のリスクが低いと思いました。実際には返品することなく、愛用し続けています。

最後にもう一度、選択ミスのリスクを下げるための大事なポイントをまとめます。

①選択肢をたくさん用意する
②迷うなら選ばない。これだ！　と思えるものと出合えるまで、選択肢を増やす
③間違った選択は必ずするから、なるべくやり直しをしやすいものを選ぶ

この3点を守ると、迷いに迷った挙げ句に悪いほうを選んでしまう、という選択ミスを防げて、スムーズにいくと思います。

065

強みだけどんどん磨き、無駄な努力はしない

• • •

　誰にでも得意と不得意、あるいは強みと弱みがあって、向き不向きがあります。例えば、私がファッションモデルになろうと思っても、なれるわけがありません。どんなに努力をしてもダメなものはダメで、はっきり言って無駄な努力です。それよりは、努力をしないでもできる強みにフォーカスして、時間をかけてより磨き、自分のキャリア形成の柱にしたほうが賢明です。

　私たちが持っている能力というのは、どうしてもばらつきがあるので、弱い能力を頑張って、一生懸命努力して強くしようと思っても限界があります。

　それに比べて、**初めから強い能力は、何の努力をしなくても強くて、そちらをより磨いたほうが自分の特徴が出やすく、周りの人のためにもなって、お金も儲かるようになります。**

成功や幸せをつかむには、自分の強みを活かす

　私は文章を書く仕事をしていますが、文章の書き方を習ったことは一度もありません。それでも、小学校の6年生から、学芸会の脚本を書き、中学と高校でもクラスの演劇の脚本を書いていました。

　自分の強みと弱みを知る有名なツールとして、アメリカのギャラップ社という世論調査とコンサルティングを行う会社が開発した「ストレングスファインダー」という才能診断ツールがあります。

人の才能を責任感や社交性、アレンジ力など、34個の資質に分類して、強みを分析するものですが、その膨大なデータからも、人生の成功や幸せをつかむには、自分の強みを活かすほうがいい、ということが明らかになっています。弱みについてはあまり努力しなくてよくて、人に任せたりしたほうが時間とお金の無駄にならなくていいのです。

　私はADHD（注意欠如・多動症）という発達障害があります。それで何が起こるかというと、とにかく物を忘れてしまいます。人の名前もすぐ忘れてしまいますし、会議などで自分が発言する機会がないと、5分や10分でウトウトしてしまいます。これは脳のつくりの問題なので、どんなに頑張って起きていようと思っても、無理なのです。

　逆に、次々にいろんなことを思いつくので、それを話して拡散するのは得意です。YouTube動画についてもよく、あとで編集しているんですか？　とか、撮り直すこともあるんですか？　と聞かれますが、いずれも一切していません。編集のような細かい作業や、同じことを何度も繰り返すことに、私は耐えられないからです。**耐えられないのに無理してやるのは、無駄な努力です**。それよりも自分の強みを伸ばすべくどんどん話して、1つでも多く皆さんに情報発信しようと思っています。

人の弱みには口も手も出さない

　私たちは家族や友達、部下に対して、自分の強みが相手の弱みの場合、ついついお節介を焼いて、こうしたほうがいいんじゃないかと口や手を出してしまいます。それでもできないと、相手に対して腹が立ってきて、相手の努力不足なんじゃないか、などと思ってし

まいます。

　でも、それは違います。**人によって、どんなに努力したってできないことはできないし、努力しなくてもできることはできるのです。**

　その、できる・できないということを見極めて、人に対して余計なお節介を焼かないで、無理やり努力をさせるのではなく、その人なりの成長を見守るのがいいと思います。逆にもし誰かにお節介を焼かれても、さらっとスルーする能力が必要です。**私たちの強みと弱みは人によって違うので、その違いをうまく管理して利用するのが、みんなが得する方法なのです。**

　自分に対しても人に対しても、できないことに執着したり、腹を立てたりしないようにすることです。成長したいなら、できることに時間やお金をより使う、という正しい努力をしましょう。

「完璧主義」をやめて「適当主義」になる

・・・

　適当というと、「雑」や「いい加減」、「手抜き」といった悪い意味で捉える人が多いですが、ほかにも、求められる条件や要求にかなっていてふさわしいことや、分量や程度がほどよい、という意味もあります。だから私は何事も、適当でいい、ではなく、適当"が"いい、と思っていて、適当であることを大切にしています。

　日本人には、なんでも100％の出来でないと気が済まない完璧主義者が多いです。よく、100％の出来にするには、全体の8割までは20％の力でやって、残りの2割に80％の力を使って仕上げなければいけないと言われます。でも、そのやり方をしていたら、仕事や家事も滞って、ルーティンをこなせません。

　私は原稿を書くとき、「てにをは」や誤字脱字などの変換ミスは細かくチェックしません。それは、編集や校閲の方々がしてくださることで、私の仕事ではないと割り切っているからです。

　YouTube動画も、編集や撮り直しをしていたらものすごい時間がかかって、毎日配信できなくなるからしません。私がしたいのは、完璧な動画を作ることではなく、1つでも多く情報発信することだからです。

　いわば、「完璧主義」の反対が「適当主義」です。その適当というのは、**あくまでも分量や程度がほどよくて、適切なところ以上に労力をかけない**、という意味です。そうすることで余力を残せるので、ルーティン以外に予想外の事態が起きたとき、力を発揮するこ

とができます。それが、適当主義の最大のメリットと言っても過言ではありません。

004などでも、余裕を持つことの重要性について話しましたが、**ルーティンは適当主義でやるようにして、本当に重要なところは完璧主義でやるべきです。**

逆の言い方をすると、完璧にやらなくてはいけない部分の余力を残すために、それ以外は適当にするわけです。その配分がうまくできるようになると、仕事や家事の作業的な余裕はもちろん、時間やお金の余裕もうまく作れるようになるのではないかと思います。

適当と完璧のメリハリをつける

例えば、私の家の掃除でいうと、愛鳥のトイレや餌入れなどはいつも清潔にしていなくてはいけないので、毎日完璧に掃除しています。その代わりに、部屋の掃除は完璧にやる必要はなく、ルンバが1日1回、1周してくれればいい、という適当な方法にしています。何もかも完璧にしようとすると、ドツボにハマりやすいので、適当にする部分とのメリハリが必要です。

苦手なことは適当にする、というやり方もあります。私は、ファッションにあまり興味がなくて、洋服を買うのがあまり好きではありません。試着をして、素材やデザイン、着心地がどうのこうのと考えると、疲れて嫌になってしまいます。

だから、洋服レンタルサービスのairCloset（エアークローゼット）はとても重宝しています。自分のニーズに対して毎回100%合致するとは限りませんが、私が望むレベル以上のものは必ず届きます。おかげで、洋服を買いに行くという大きな負担から解放されて、労力と時間の余裕が増えました。

　また、私はスケジュールをギチギチに詰め込むことはしません。ギチギチに詰め込んでも、実際にはその通りにいかないことが多くて、予定が崩れるからです。

　料理も、レシピ通りに正確に計量して作っても、思った仕上がりにならないことがあるので、自分の感覚も大事にしています。

　人間関係についても、上司とはこうあるべき、友達とはこうあるべき、というふうに窮屈に考えると、自分らしさを出しづらくなってうまくいかない気がします。そこもやはり、余裕が大事。適当にする部分も作ってみてください。

コントロールできないものとは縁を切る

• • •

　本当に多くの方から、どうやってタバコやお酒をやめたのか、ということを聞かれます。097で、お酒を飲まなくなって10年経って、どんないいことがあったか、ということについて書いていますが、お酒の前にタバコをやめていたので、そのあたりの経緯から詳しく説明します。

　タバコをやめたのは、32歳のときでした。2日で1箱くらい吸うペースのライトスモーカーで、タバコが好きで吸っていたわけではなく、会社の喫煙室でみんなとデスクではできないいろいろな話ができたので、コミュニケーションツールの1つとして使っていました。でも、周りからやめたほうがいいと言われていて、『読むだけで絶対やめられる禁煙セラピー』（ロングセラーズ）という本が流行ったときに読みました。それで初めて薬物依存の仕組みを知って、タバコのニコチンによって脳内がコントロールされてしまうことを理解しました。

　その本に、「3日やめられたらやめられる。ただし、一生吸わない決意をしてください」ということが書いてありました。どうして一生吸わない決意をしないといけないかというと、私たちの脳は簡単に薬物に囚われてしまうので、1回囚われるとなかなか抜けられないからです。それで、やめようと決意をして、持っていたタバコを全部捨て3日間我慢したら、その後まったく吸いたいと思わなくなりました。

　やめて早々に、人が吸っているタバコの煙が煙たく感じるように
なったり、鞄の中にタバコのカスが散らばらなくなったことに清々
したりして、タバコに関しては一切未練がなくなりました。

　そのときにふと思ったのが、同じ方法でお酒もやめられるんじゃ
ないか、ということでした。お酒は20歳過ぎから飲んでいて、34
歳で離婚してから飲む回数が少し減っていました。結婚していたこ
ろは夫婦でよく飲んでいましたが、独り身になって、そばに飲む人
がいなくなりお酒の誘惑が少なくなったら、飲まないというチョイ
スができるようになったのです。しかも、そのときつき合いだした
男性が飲まない人だったので、余計に。

　それで実際、タバコと同じ要領でまず3日やめて、その後一生飲
まない決意をしたら、これも簡単にやめられたのです。

タバコやお酒はコントロールできなくなる

　ところが飲まない期間は7年で終わってしまいました。理由は新
たにつき合いだした男性がお金持ちで、食事に行くたび、いいお酒
を飲ませてくれる人だったのです。最初は1杯どう？　とすすめら
れて、本当に1杯だけ飲む感じでした。でも、もともと私はお酒が
好きなので、1杯が2杯、2杯が3杯、3杯が1本と増えていって、
気づくともとの常飲ペースに戻っていました。

　2年ぐらい経って、このまま酒量が増えるのはちょっとよくない
ぞ、と思ってお酒をやめてみたら、交際相手と一緒にいる時間が楽
しくなくなって、もしかしたら私はこの人ではなく、この人がごち
そうしてくれる食事やお酒が好きだったのかも、ということにも気
づき、結果、交際は解消。お酒は飲まないまま、現在に至っている
ので、41歳から10年間、51歳の今もまったく飲んでいません。

誘われれば飲み会には行きますが、ずっとウーロン茶や炭酸水を飲んでいます。ちょっとでも飲み始めるとすぐに元の酒量に戻ることは体験済みなので、徹底して口にしないようにしています。前にも7年やめていたのに、3カ月〜半年ぐらいで、元の酒量に戻ってしまったのです。最初は週に1回程度で済んでいたのが、気がついたらほぼ毎日飲むようになっていました。

　つくづく、お酒はコントロールできないことを痛感しました。**私はコントロールできないものが大嫌いなので、お酒とは完全に縁を切るのが正しい、と判断したわけです。**

　以来、家にはお酒を1本も置いていません。うちに遊びに来る人が、お酒を持参するのは構いませんが、飲み残したものは全部持って帰ってもらうようにお願いしています。

　これを読んで、タバコもお酒もやめたいと思っている人は、まず3日我慢してください。それで4日目に、一生やめると決意できれば、意外とあっさりやめられます。もし決意できなかったら、決意を固める材料が足りないので、『読むだけで絶対やめられる禁煙セラピー』や『禁酒セラピー──読むだけで絶対やめられる』（ロングセラーズ）のほか、薬物依存に関する本を読むことをおすすめします。

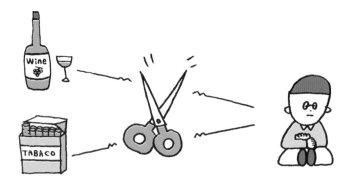

Chapter
6

人間関係ハック!

〈良好な人間関係が人生を楽しくする〉

068

苦手な人との関係は積極的にマネジメントする

● ● ●

　私たちがコミュニケーションを取るとき、同じ日本語を話していても、解釈の仕方は人によって違います。どのように解釈するかというと、これまでの人生で得た知識や経験、価値観でしか人は物事を理解できません。

　それはある種のフィルターのようなもので、知識や経験、価値観は人それぞれ異なるので、私が発言したことに対して、私と同じように感じることができる人は1人もいません。人によってはよく理解できなかったり、私にまったく悪意がなくても、悪意があると捉えてしまったりする人もいます。

　同様に、逆のこともあって、相手は私のためによかれと思って言っていることも、私が51年間で作り上げたフィルターを通した解釈では、悪意に受け取れてしまうこともあるわけです。その結果、残念ながら、一緒にいるだけでイラッとさせられる人や、なんだか嫌な気分になるという人が存在してしまうのです。

　人の好き嫌いはよくない、と言われますが、好き嫌いがない人なんていません。 もし好き嫌いがないとしたら、その人は自分の本音をごまかしています。

　それぐらい、人によって知識も経験も価値観も違いますから、違っていることを理由に、お互いに嫌い合ったり、敬遠し合ったりすることはどうしても出てきてしまいます。**その前提で、人間関係をマネジメントする**といいでしょう。

目的達成を第一に考える

　具体的に、どうやってマネジメントすればいいかというと、**目的意識を持つ**ことです。

　例えば、冠婚葬祭で、配偶者の親や親戚とどうしても一緒にいなければいけないときがあると思います。あっても、年に1回、2回という感じだと思いますが、一緒にいる目的は冠婚葬祭を無事済ませることですから、最低限必要なコミュニケーションを取ればいいわけです。

　ここで大事なことは、自分の考えを相手に押し付けたり、相手の意見を変えようとしたりしてはいけない、ということです。たとえ、カチンとくることを言われても、それを相手に言ってしまうと目的を達成できなくなるので、元も子もありません。カチンときても、相手に対して積極的な反応を起こさなければ、目的を達成できるので、できるだけスルーしましょう。

　別に、不正直になって怒るな、と言っているわけではありません。怒っても構いません。ただその怒りを相手や周りに示したとしても、いいことがない、ということは覚えておいてください。目的のために怒る必要があるのなら怒るべきですが、怒る必要がなければスルーしたほうが自分の気持ちも消耗しないので賢明です。

年を重ねると苦手な人も理解できる

　たまに、先輩や上司だからというだけの理由で、わざわざ苦手な人に近づいて、アドバイスを受ける人がいますが、はっきり言って無駄です。

　どんなに優れたアドバイスでも、私たちが心から納得できない限

り、自分の血や肉にはなりません。参考になるのは、基本的にバックグラウンドや価値観が似ている人の、体験や考え方です。それらが異なる苦手なタイプの話が参考になることはまずないので、我慢してアドバイスをもらう必要はありません。

ただ、バックグラウンドや価値観が違う人たちとも、一緒にいなくてはいけないときがあるから、そのときには一緒にいる目的を念頭に置いて、それを達成するためだけのコミュニケーションを取ればいいのです。

苦手な人とは、必要なときに、必要な分だけのコミュニケーションを取ればOKです。普段は、自分が一緒にいたい人とか一緒にいて苦にならない人とコミュニケーションを取ればいいのです。

そうなると、気が合う人は本当に少ししかいなくなる、と不安を覚える人もいるでしょう。今はそうでも、年を重ねて自分の経験値が増えていくと、苦手な人に対しても、この人はこういうことを考えているんだな、と理解できるようになります。年を取ると円熟すると言われるのは、経験値が上がって相手を理解できる範囲が広がるからです。

思うに、**相手の発言に悪意が感じられる場合、ほとんどのケースでは相手に悪意はありません**。相手との知識や経験、価値観の違いによる解釈の相違で、悪意として受け取っているだけです。

だから、もし悪意を感じても、これは解釈の違いのせいだと思うと怒りが収まりやすく、目的意識を持ってコミュニケーションを取り続けられると思います。

LIFE HACK 069

知り合う人の分母を大きくする

• • •

　おかげさまで私には昔からの友達がたくさんいて、小学校や中学の友達から始まって、その後初めて就職した会社や2番目の会社で仲のよかった同僚や先輩ともいまだにつき合っていて、数十年来の友達がたくさんいます。信頼できる人たちばかりなので、私の主な情報源は友達になるわけです。

　昨年、岡山出身の友達の実家のぶどう農家でぶどう狩りをして、ゴルフをして帰ってくるという旅行を企画しましたが、メンバーは10年ぐらい前から仲良くなった友達と、最近仲良くなった友達の計6人でした。年齢も仕事も違いますが、この仲間たちとはよく、70歳になっても80歳になっても旅行をしたいね、と話しています。

　こうした良好な関係を築くカギは、ただ1つ、分母を大きくして知り合う人の数を増やすことです。数少ない知り合いの中で、価値観とか気持ちの良い友達だけを残そうとするから、少なくなるのです。また、友達の数をキープするために、価値観が微妙に合わない、印象がイマイチよくない、一緒にいてもあまり楽しくない、という人を残すと、疲れるだけです。だから、知り合う数を増やして分母を大きくしてください。

　前述した岡山のぶどう農家の友達は、東京で働いているデザイナーで、私の知り合いの経営者と取引がある方でした。その経営者の方の別荘にみんなで集まったときに、すごく仲良くなりました。きっかけは、彼女と私がメインの食事準備係になったことでした。そ

れで一緒にいる時間が長くなって、いろいろと話すうちに、彼女が
ゴルフが上手なことを知りました。ちょうどそのとき私はゴルフを
始めたばっかりだったので、ぜひ教えてください、となって、月1
で会うようになり、そのうちお互いに友達を紹介し合って、友達の
輪を広げていきました。

　友達の友達はみな友達という感じでいると、友達の輪はすごく広
がります。**気が合う友達の友達は、気が合う確率が高めです。**063
で、私は「うっかり村」の村長をしていて、村民集会を開いたこと
を書きましたが、副村長は、私に負けず劣らずうっかりしている女
性です。村民集会は彼女と話していたときに企画したことで、お互
いに、うっかりしていると思う人たちに招待状を出して、15人集
まりました。そのうち、私が知っている人は半分弱で、半分強は初
対面でしたが、うっかりという共通点がある上、友達の友達なの
で、すぐに意気投合できました。

　そうやって、友達の友達、さらには友達の友達の友達というふう
にどんどん輪を広げて、自然に仲良くなって、お互いに気をつかい
合わなくても関係性が保てる人と友達づき合いをしていくと、すご
く楽しいのです。

損得勘定でつき合うのは上司や取引先だけで十分

　本当に仲がいい友達は、そんなにたくさんはいりません。ゆるく
つながっている人が数百人単位でいて、そのうち一緒に食事やコン
サート、旅行に行く仲間が十数人とか数十人とか2桁いれば十分
で、100人はいらないと思います。

　友情の何が一番大事かというと、利害関係がないことです。この
人とつき合っていると得だから、という損得勘定でつき合うのは、

本当に疲れます。そんな気づかいは会社の上司や取引先とだけやればいい話で、友達の場合はこの人と一緒にいるととにかく楽しい、という人たちだけにすることをおすすめします。

　気の合う友達との楽しい時間は、本当に至福のときです。そういった時間を増やすために、まずは知り合いの数を増やして分母を大きくしてみてください。

　ちなみに、夫婦やパートナー同士では、お互いの友達をあまり共有しないほうがいいとか。それぞれが別の友人関係を持っていることが、そのパートナーシップが長く続くコツだそうです。

約束を大事に考え、
きちんと守る人とつき合う

● ● ●

　よく「どういう人とつき合えばいいですか」という質問を受けます。YouTubeチャンネルにも多く寄せられる質問の1つで、私が基準にしているのはただ1つ、**信頼できること**です。平たく言うと、**約束を守る人**です。

　私たちは、仲良くなりたての人と話をしているとき、今度は食事に行きましょう、面白い本があるので送りますね、ぜひ○○さんを紹介したいなど、いろんな口約束をします。その口約束に対して、100%ちゃんと守る人、半分ぐらいは守る人、まったく守らない人という3タイプに分かれます。後者の2タイプは、その場では相手を喜ばせようと思って口約束をするのですが、あとあと忙しくなったり、その人と遠ざかると、別に守らなくてもいいか、という感じでなかったことにしてしまいます。そういう人は、得てして約束の時間に遅れます。遅れる上に、連絡してきません。こちらから連絡して、ごめん遅れる、となることがほとんどです。ドタキャンするのが多い人も同じで、だいたい自分から連絡してきません。

　約束が流れる理由でもっとも多いのは、仕事が入ってしまった、あるいは仕事が忙しくて行けなくなった、ということです。仕事なら仕方ないと思いますが、私は原則として、友達との約束がある日時に仕事を入れないことにしています。仕事が入りそうになったら、全力で避けますし、どうしても避けられない場合は、約束をしている相手との友情が壊れるぐらいの覚悟で、キャンセルかリスケ

のお願いをします。

　そのぐらいに考えていないと、相手は私のことを、約束しても仕事が入るとキャンセルする人と思うので、以後誘ってもらいにくくなるからです。逆に、私もそういうことを2回も3回もされたら、誘わなくなります。だから、仕事を理由に友達との約束を破らないようにしています。

友達が「焼畑農業」の人と「普通の農業」の人

　これは、Facebookを見ているとわかりやすいことですが、世の中には友達が「焼畑農業」の人と、ちゃんと土壌を耕す「普通の農業の人」と2種類がいます。

　「焼畑農業」の人とは何かというと、友達が2〜3年おきにコロコロ変わって、昔からの友達がいないタイプです。日ごろ無理して"いい人"を装っているのか、人に優しくできるのは最初の1〜2年で、だんだん相手に優しくできなくなる人です。

　それに対して、「普通の農業」の人というのは、幼なじみや学生時代の友達、初めて就職した職場や2番目の職場の仲のいい同僚や先輩、という形で、長い間の人間関係が積み重なっているタイプです。私自身も普通の農業タイプですが、**人間関係が長く続くというのは、中長期的な信頼関係を大事にしている証拠**です。だから、つき合うなら、焼畑農業よりも普通の農業タイプがいいと思います。

　基本的に、信頼できる友達というのは、自分と相手の区別をしません。もし自分だったらどうしてほしいか、ということを考えて、相手にできることはすべてします。そういうことを積み重ねているから、信頼関係は深まるわけです。逆に、信頼できない友達のことを自分のこととして考えると搾取されて疲れるだけです。

コミュニケーションコストを 下げる3つのポイントを知る

• • •

　私は小さいころ、自分の考えをちゃんと言葉にできない子どもでした。4人兄弟の末っ子だったので、困ったことがあれば誰かに泣きつけばなんとかなる、という甘えっ子体質でもあったと思います。

　それが、当たり前のことですが、社会人になったら通用しなくなり、いろいろなところで厳しい"洗礼"を受け、5年、10年、20年と社会人をやっているうちに学習をして今があるわけです。

　その過程で学んだ、コミュニケーション上手になるコツが3つあります。

①自分は社会の中で相対的な立場にいると意識する

　1つ目はまず、**徹底的に自分を相対化する**ことです。

　世の中には自分にしか興味がない人が多くいます。いつも自分の話しかしなかったり、ほかの人が話しているのに何かと自分の話に戻したり。常に自分を中心に世界が回っている、と考えるタイプで、私は「自分教」と呼んでいます。

　そんな自分教をやめないと、良好なコミュニケーションは成り立ちません。コミュニケーションは他人との会話のキャッチボールだからです。

　そのために、常に自分はグループや会社、社会の中で、相対的な

立場に位置していることを意識してください。

② 共通項を見つけて話す

2つ目のポイントは、**自分が話して楽しい話よりも、相手が聞いて楽しいと思う話をする**ことです。

例えば5人で会話をしている場合、なるべく5人全員に共通する話題にして、みんなで楽しめるようにします。この人はこういう話が好きそうだな、と思ったらその話をして、相手の反応がよければ、その方向で話をふくらます、と。逆に、反応がイマイチなら手短に済ませたり、話題を変えたりすればよいのです。できれば5人が均等に、主役になって話ができると盛り上がります。

そのために、最近体験したことで面白かったことや、人から聞いてへぇーと思ったこと、本を読んで初めて知ったことがあったら、今度みんなに話そう、と気に留めておくと記憶に残りやすくて、話題の引き出しが増えます。

そうやって、相手との共通項を見つけやすくなるほど、会話ははずみます。

③ 心の中で思っていることと違うことを言わない

3つ目のポイントは、**人によって態度を変えないで、裏表をなくす**ということです。

この人は気をつかわなくてはいけない人で、あの人は素を出していい人、などとやっていると、自分をごまかしたり嘘をついたりすることになって、面倒くさくなります。この話はこの人に言ったっけ？　あれ？　ということが多発して、わけがわからなくなってし

まいます。

　だから、相手が偉かろうが偉くなかろうが、できるだけ均等に接して、相手によって態度を変えないことを基本にして、心の中で思っていることと違うことを言わないことです。

　そうすると周りから、この人は裏表がなくて嘘がない人、と認識してもらえるようになるので、周りの人たちにとってもすごくコミュニケーションが取りやすくなります。

　あえて言うまでもなく、心の中で思っていることを口にしてはいけないときはあります。例えば、太ったとか、老けた、などです。そのときは変に気をつかって言葉を変えるのではなく、何も言わなければいいのです。

コミュニケーションコストが高くつくと疲れる

　気をつかいすぎる人も本心がよくわからない人という印象になりやすく、そうするとコミュニケーションコストが高くついて疲れる人になってしまいます。相手にそう思われないように、私も常にこの3つのことを心がけています。

　この3つを守っていれば、初対面で一見共通点がなさそうな人とでも、そんなに困らずに、コミュニケーションを楽しめると思います。

　もしコミュニケーションを取ること自体が苦手な人は、タクシーに乗ったときは運転手さんと話し、買い物や食事に行ったら、お店の人と話すのがおすすめです。その場限りの相手ですから、うまくできなくても気にすることはありません。そうして徐々に、不特定多数の人と話すことに慣れていきましょう。

LIFE HACK

072

人をだます不誠実な人を見抜く

• • •

　人をだます人というのは基本的に不誠実で、今がよければ将来どうでもいい、今がよければ将来を犠牲にしてもいいと考える、時間割引率の高い人です。

　時間割引率については013や014で詳しく説明しましたが、目の前の人をだまして、お金や物品を巻き上げて、あとで恨まれるというのは中長期的に考えると、まったくいいことではありません。だまされた人に、悪い噂を広められる可能性は高く、場合によっては、詐欺罪で刑務所に入る可能性もあります。それでも、今がよければいいと考える人ほど、人をだます傾向があることを考えると、だます人かどうかの見分けがつきやすくなると思います。

　例えば、**約束を守らない人は、人をだます典型的なタイプ**です。約束をして、それを守らないことがすでに、人をだましています。本人にそのつもりがなくても、結果はだましているわけです。その人とまた約束しても、約束が守られるかどうか定かでなく、きっと守らない確率のほうが高いでしょう。

　自分を"盛る"人も、人をだます確率が高いです。盛るというのは自分のことをごまかして、よりよく見せようとする行為です。あとで正体がバレる可能性が高いものですが、それでも盛るのは人をだます傾向の証です。

　人の悪口を言う人も、人をだましがちです。Aさんが私にBさんの悪口を言ったとしたら、Aさんが私の悪口をBさんに言っている

可能性もあるわけです。そう考えると、悪口を言う人というのはその場しのぎのことを言う人になるので、人をだますのではないか、と考えられます。同様に、前に言っていたことと今言っていることの辻褄が合わない人も、その場しのぎの嘘をついているので、だましがちだと思われます。

ものすごくいい人も、気をつけたほうがいいです。 人間は、自分ができる範囲でしか、相手のために動けないものです。それなのに、なんでもかんでもやってくれる人というのは、全員とは言いませんが、一定確率でいいことをして取り込んで、うまく利用してやろうとか、あとでお金や物品をだましとろう、と思っている人が含まれています。いわゆる詐欺師です。自分にとっていいことずくめで非の打ち所がない理想の人、というのも用心したほうがいいでしょう。

だまされても自分を責める必要はない

　もし、人をだます人を見抜くことに興味があるなら、「人狼ゲーム」というボードゲームがおすすめです。人狼ゲームは、11人とか13人でやるゲームですが、配られたカードによって、約3割の人がだます側に、7割ぐらいの人がだます人を見抜く側に回ります。このゲームをすると、人をだまそうとするときにはどういう兆候があるのか、ということがわかるようになります。逆に、自分がだます側に回ったとき、どういう気持ちになるのか、ということも疑似体験できます。

　人狼ゲームは、YouTubeにもたくさん動画が上がっているので、それを見るだけでも、だまし合いというのはどういうものか、ということがわかると思います。私が運営する五反田のレンタルスペー

スでも、定期的に人狼ゲーム大会を開催しています。

そうやって気をつけていても、それでも私たちはだまされます。用心に用心を重ねて、この人なら大丈夫そうだな、と思った人にだまされた、ということもあります。

ですから、もしだまされてしまっても、自分を責めないでください。これも経験を積むと、だます人を見抜くのが上手になるので、だまされにくくなります。実際に私も、20代や30代のころよりずいぶん見抜けるようになりました。

どうしても、若いうちは痛い目に遭うものです。そのときは、同じ轍を踏まないように、しっかり学習しましょう。そうすれば、だまされにくい人になると思います。

ネガティブな反応への「スルー力」を身につける

• • •

　私がテレビに出始めたのは2009年ごろで、今から10年ぐらい前になります。それまで本や雑誌の世界だけで生きていたときは、批判や文句を言われることはあまりありませんでした。基本的に、本や雑誌は、私に興味があって買ってくれる人たちばかりだからです。それがテレビに出るようになって、私のことを気に入らない人の目にも触れてしまうようになると、ネガティブなことをたくさん言われるようになったのです。

　ネガティブなことを言ってくる人は、だいたい数十人に1人しかいません。感想を言ってくれる人が20人いるとしたら、19人は褒めてくれます。でも、人間の心理は不思議なもので、19人の褒め言葉には気持ちが向かなくて、1人のネガティブな意見に気持ちが向くようにできているものです。それは、私たちが生き延びるために、できるだけネガティブなことは避けて、ひどい目に遭わないように気をつける性質があるためでしょう。

　だから、どうしようもなく反応してしまうわけですが、人間の性質の1つだ、と割り切ると、過剰に反応しないでスルーしやすくなります。また、**世の中にはどんなに素晴らしい発言や目覚ましい功績に対しても、批判をする人は必ずいる**、と割り切っておくこともおすすめします。

　例えば、私はオカメインコを飼っていて、YouTube動画によく鳴き声が入るのですが、その声を聞いて嬉しい、元気な鳴き声です

ね、とポジティブに捉える人もいれば、キーキーうるさいからなんとかしろ、鳴き声のせいで話が聞こえづらい、とネガティブに捉える人もいます。

受け取り方は、本当に人によって千差万別なので、ネガティブな意見もあって当たり前として、取り合わずにスルーすればいいと思っています。

もちろん、私も動画に鳴き声が入らないようにしたいです。でも、鳴くのは鳥の習性や生態で、こればかりはどうにもできません。鳴いたら動画を撮り直すとなると、今度は私の集中力が持ちません。だから批判があることを承知の上で、鳴き声が入ったものもそのまま配信しています。どうしても不快に感じる人は、チャンネル登録を外してもらえばいいと思っています。

人を批判する自由も、批判をスルーする自由もある

誰にでも自分の考え方や生き方、ポリシーというものがあって、それらに合わないものがあると、反論したり、敵対心を表したりする人が数十人のうち1人います。そういうことをして、相手の足を引っ張れば、自分の価値が上がる、と考える人もいるでしょう。それは勘違いですよ、と言っても通じる相手ではありません。

だから、**自然の摂理のように、数十人のうちの1人からネガティブな反応があるのは仕方がない**、と割り切ってスルーするのが賢いと思います。人には人を批判する自由もあるけれど、批判された側にも批判に従わない自由もある。そんなふうに考えると、スルー力がつきます。

ただし、自分が信頼している人たちから批判が殺到したり、反論の逆風が吹いたりした場合は、自分が悪かったことを素直に認めて訂正したほうがいいでしょう。

つき合う相手とは距離を常にコントロールする

• • •

幸せで充実した人生にしようとするとき、もっとも影響するものはなんだと思いますか？　それは、お金でも健康でもなく、人間関係です。お金や健康は一定レベルは必要ですが、一定レベル以上にはいらないものです。ところが、お金や健康に恵まれていても、人間関係がイマイチだと、これは非常に不幸になります。

その人間関係のコントロールの仕方ですが、結論から言うと、人間関係を完全にコントロールすることはできません。**コントロールできるのは自分の側だけで、相手の側はコントロールできないのです。**自分の考え方と行動をうまく使って、相手とどうつき合っていくか、あるいはつき合わないのか、と1つ1つ決めていくしかありません。

相手との距離感を調整する

どうしようもなく気が合わない相手は必ずいます。一緒にいるとイライラするとか、その人に何か言われるたびにカチンとくるとか。そういうときにやってしまうのが、相手を変えようとすることです。相手を変えることはできないと知っていても、ついついやってしまいます。案の定、相手が変わることはないので、すればするほど泥沼にハマり、ハマって我に返って、そうだ、相手が変わることはなかったんだと思い出すわけです。

　そういう場合は、得てして相手との距離が近すぎるケースが多いものです。**距離をとってもまだ疲れる場合には、もっと離れるという形で、相手との距離感を調整して、関係性をコントロールする**といいでしょう。

　例えば、親兄弟と数カ月に1回会って食事をするのは楽しいですが、一緒に住むと往々にして疲れます。すごく仲のいい友達とも、2人で旅行に行くとたいていケンカになりますよね。それも、距離が近づきすぎると、いろんなことでぶつかりやすくなるのが原因です。結婚や同棲も同じで、恋人の距離だとうまくいっていたのに、夫婦やパートナーの距離になると途端にギクシャクする場合があります。それも、距離が近くなりすぎてぶつかりやすくなるせいです。

5つの基本的欲求が似ている人とは気が合う

　できれば、あらかじめ距離が近づいてもうまくいく人と、そうでない人を見分けられるとよいですよね。私は選択理論心理学という、よりよい人間関係を築くための学問を勉強して、その見分け方として最適な方法を見つけました。

　選択理論心理学によると、私たちは5つの基本的欲求を持っています。

　①満足な人間関係を求める愛情と所属に対する欲求、②飲食、睡眠、生殖など生存に対する欲求、③やりたいようにしたいという自由に対する欲求、④新しいものを得たいという楽しみに対する欲求、⑤認められたい、勝ちたいという力に対する欲求、の5つです。

　この5つの欲求に対する考え方と行動が似ている人とは気が合って、一緒にいても疲れません。だから、仲良くなった人とはこの5

つを話題にすると、自分の考え方との一致率がわかります。

　逆に、似ていない人ほど気が合わなくて、癪に障ることが増えます。相手も同じように、この人とは合わないな、と思っているものですから、スッと距離を置くと楽になると思います。それですっきりと気持ちが晴れるわけではありませんが、相手に悪意を抱かずにニュートラルを保てるので、イライラしないで済みます。

　くれぐれも、相手を変えようとしないようにしましょう。変えられるのは、自分の考え方と行動だけです。

[5つの基本欲求]

❶ 満足な人間関係を求める
　愛情と所属に対する欲求

❷ 飲食、睡眠、生殖など
　生存に対する欲求

❸ やりたいようにしたいという
　自由に対する欲求

❹ 新しいものを得たいという
　楽しみに対する欲求

❺ 認められたい、勝ちたいという
　力に対する欲求

Chapter

7

片付け・料理ハック!

〈ロジカル家事で生活を豊かにしよう〉

仕事よりも家事に力を入れる

・・・

仕事をしていると、どうしても家事を軽視しがちだと思います。その家事が、こんなにも幸せを左右するものだったとは！　ということに私が気づいたのは結構遅く、40代に入ってからでした。

私たちの幸せを構成する主な要素は、衣食住をはじめ健康、家族、パートナー、友達、仕事、家事、趣味などで、それらのバランスが取れて、きれいな丸い輪になっているほど、幸福度が上がります。ところが、多くの人が仕事ばかりが出っ張ってしまい、ほかのものを押しやっている状態になっています。特に押しやられているのが家事です。

私も、20代と30代は、家事を押しやっていました。仕事に追われながら子育てもしていたので、家事は同居する母に任せたり、家政婦さんにお願いしたりしていました。自分では最低限の家事だけすればいいことにして、その分できた時間は仕事に費やせばいいと思っていました。

それが40代前半ぐらいから家事に目覚め、部屋中に溢れかえるものを断捨離したり、おいしい食事を効率よく作る方法を考えたりするようになったら、急に幸せになりました。そのとき気づいたのは、**仕事で幸せになるというのは、タカが知れている**、ということです。

もちろん、給料が上がったり昇進したりするのは嬉しいことですが、私たちの生活に直接幸せをもたらすか、といったら、それはち

ょっと違うんですね。

　それよりも、いつも部屋がきれいに片付いていて、キッチンに行くとおいしいご飯や飲み物を作ることができ、着るものはちゃんと洗濯された清潔な服で、ベッドのシーツやカバーがパリッとシワが伸びていて気持ちいい、というほうが絶対幸せなのです。

　そうした空間と時間は快適そのものでストレスフリーですから、体と心の疲れをリセットできるので、仕事に対するモチベーションが上がることも実感できます。

家事は仕事よりも「下」という認識を改める

　以前は、最低限の家事すら面倒くさいと思いながらやって、散らかった家で適当なご飯を食べて、適当な服を着て、適当な寝具にくるまって寝ていました。それで疲れがリセットされるわけでも、パワーがチャージされるわけでもないので、仕事のモチベーションも上がるわけがありません。

　パワーチャージされていれば、集中できて1時間で済む仕事が、3〜4時間かかってしまう→仕事に長く時間がかかるから、家事をする時間がなくなる→片付いていない→家にいてもパワーチャージできない→それで仕事をしても効率が上がらない、という悪循環を繰り返していました。

　ロボット掃除機のルンバが、充電が切れそうになるとチャージステーションに戻って充電するように、私たちも家に戻ったら、気持ちよくて和やかな時間を過ごすことで充電でき、その状態で働くからこそ効率が上がります。**つまり、仕事でより成果を上げるためにも、家事の充実は不可欠なのです。**

　かつては、家事を専門にする専業主婦が、衣食住の快適性を守っ

ていました。ところが共働きが一般的になって、独身者も増えた今は、1人1人がちゃんと家事をして、快適な生活のために貢献をしていかなければいけない時代です。ただし、**調理器具やロボット掃除機などの最新家電を利用すれば、大した労力をかけずに、確実にできることなのです。**

　家事は、工夫のしがいがいくらでもあるので、始めるとハマります。私が家事をする中でいろいろなことを試して気づいたことは『勝間式超ロジカル家事』（アチーブメント出版）という本にまとめました。Kindle版もあるので、興味がある方はそちらをご覧になってください。

　どんどんおいしいご飯を作れるようになって、片付けも上手になると、家に人を呼ぶ機会が増えます。また、クローゼットはいつも整理されているからオシャレするのが楽しくなります。一度、家事をうまく回す仕組みを作ってしまうと、仕事のやりがいがあろうがなかろうが関係なく、毎日だいたい幸せでいられます。

　家事は仕事よりも「下」という認識を改めましょう。家事と仕事は同列か、むしろ家事のほうが上であるという認識を持って生活すると、人生がより楽しくなると思います。

片付け

持っているものに、必要以上に
高い価値を感じていることを知る

● ● ●

　私たちは、なぜ不要なものとわかっていてもなかなか捨てられないのか。なぜ、転職したほうがいいとわかっているのに、今の会社を辞められないのか。なぜ、腐れ縁状態の恋人や配偶者、友達との関係を断ち切れないのか。

　その理由は、行動経済学用語の「保有効果」という言葉を使うと、すっきりと説明がつきます。

持っているものに高い価値を感じてしまう

　保有効果というのは、私たちが自分の持っているものに対して、なぜか実際の価値よりも高い価値を感じる心理現象のことです。そのために、今持っているものを手放したり、今の環境を変えたりすることに躊躇してしまうわけです。

　こんな実験があります。市価6ドルぐらいのある大学のロゴ入りのマグカップを、Aグループの人にはタダであげて、Bグループの人にはあげません。そして、Aグループにはこのマグカップを売るならいくらで売りますか？　と質問し、Bグループには、このマグカップを買うならいくらで買いますか？　と質問します。

　すると面白いことに、Aグループの人たちは、持っているマグカップを「7ドル以上でしか売らない」と言います。Bグループの人たちは、「3ドルぐらいでしか買わない」と言います。Aグループも

Bグループも似た特性の人たちなのに、マグカップを持っているA
グループの人たちだけ、主観的な価値が2倍になるわけです。

　この実験は、私たちは、自分が持っているもの＝保有するものに
対して、高い価値を見出すことを物語っています。

現状を変えたくない

　なぜ、保有するものに対して高い価値を見出してしまうのか。理
由は2つあります。

　1つは、私たちは、新たに何かを得て「得をする」ことよりも、
何かを手放して「損をする」ことが嫌だからです。つまり、マグカ
ップを持っている人は、市価よりも安く売ることが嫌。いっぽう、
マグカップを持っていない人は、市価より高く買うことが嫌。

　すでに持っている人は、手放すことによって損をしたくないから
価値を高くし、持っていない人はお金をたくさん出したくないか
ら、低い価値しか見出そうとしないのです。

　2つ目の理由は、現状維持バイアスといって、**現状の良し悪しに
かかわらず、私たちにはできるだけ現状を変えたがらない性質があ
る**からです。つまり、マグカップを持っている人にとっては、持っ
ているという現状を、持っていない人は、持っていないという現状
をなるべく変えたくないと考えます。よほど高い対価やお得感がな
いと、現状を変えたくないと思うのです。

　現状維持バイアスは、ものに対してだけではなく、仕事環境や人
間関係に対しても働きます。例えば転職する場合、転職したほうが
給与も待遇もよくなるのに、今あるものを手放すのは損だと考え
て、今の会社に勤めていることの価値が高いと思おうとします。変
化を好まない性質と言うこともでき、現状を変えることに大きなロ

スやリスクを伴うと考えてしまうのです。

　同じように、恋人と別れるときや友達と縁を切るときも、関係を続けるほうに価値を見出してしまうため、相当の決意が必要になります。でも、関係を絶てたら、あのときはどうしてあんなに決意が必要だったんだろう？　と首をかしげるものです。「熱が冷めた」または「つきものが落ちた」とも表現できるでしょう。

　ものを捨てるときも同じで、もったいないと思ってなかなか捨てられないものでも、いざ捨てられると部屋がきれいに片付くため、捨ててよかったと思うものです。こんなことなら、もっと早く捨てればよかった、と後悔さえしかねません。

ロスやリスクがある選択が「正解」のことも

　私たちは保有効果や現状維持バイアスがあることで、物事の本当の価値を見誤って、本来変えるべきことや捨てるべきものに手をつけられないでいるのかもしれません。**ぜひ一度、自分には保有効果という心理現象が働くことを念頭に置いて、今自分が持っているものや置かれている状況は本当に価値があるのかどうか、見つめ直してみてください。**

　思い切って、ロスやリスクがあるかもしれない、という選択をしたほうが、あとあと「正解」だったと思えることがあるものです。保有効果の影響を切り離すのは大変ですが、一度できると、新たに保有効果を感じることがあっても、冷静に対処しやすくなって、修正が容易になると思います。

　もし今、変えたくても変えられない物事を抱えていたら、保有効果の影響が大きいのかもしれません。

077 普段使わないものは、とにかく捨てる

・・・

うちにはものが少ないです。友達からはよく、新しいもの好きでいろんなものを買っているのに、それらはどこにいったの？　と聞かれます。実は、**見えるところに置くものを厳選している**のです。

季節モノの扇風機や雛人形、クリスマスツリーなどは物置に入れ、普段使うものは、いるもの＝見えるところに置くもの、普段使わないものは、いらないもの＝捨てていいもの、という定義をしています。

使わないものは、いらないもの

以前、家が散らかっていたときは、テレビの前にソファーセットやラグが置いてありました。でも、いつもいるのはダイニングテーブルか仕事机で、ソファーに座ることはほとんどありませんでした。それでも置いてあれば、そこに埃は溜まるし、何気なく服や本などを置きっぱなしにしてしまうので、捨てました。

仕事机の上にも、毎日使うパソコンとヘッドフォン、ペン2、3本以外、何も置いていません。それ以外のものは使わないのでしまう、ではなく、廃棄します。

ここがポイントで、「使う・使わない」の基準は、1カ月に1回以上使うかどうか、です。1カ月に1回以上使うものはいるものとして残し、使わないものはいらないものだから捨てます。使わない

ものは工夫して収納する、というのが一般的だと思いますが、私はあまりおすすめしません。引き出しにしろ、棚にしろ、タンスにしろ、**収納はスカスカな状態で使うもの**だと思っています。

ものを入れても半分ぐらいまでに留めないと、何がどこにあるのかわかりにくくなるからです。あれはどこにしまったっけ？　と探すようではダメです。使わないもので家が"占領"された証拠です。そもそも、使うものだけにしたら、収納がぎゅうぎゅうになることはあまりないと思います。つまり、使うものだけにすると、片付ける必要がないぐらい、ものが少ない状態になるはずなのです。

洋服も、礼服以外、1年も2年も着ないものは即座に捨てていいものです。シーズンごとに月に1〜2回しか着ないものは、なくなってしまっても困らないものです。捨てても大丈夫だと解釈してください。私は今、洋服は月額制のレンタルサービス「airCloset（エアークローゼット）」を利用しているので自分の服は少なく、おそらく10着ぐらいでしょう。

下着類も、女性はたくさん持っていると思いますが、私は4組しか持っていません。洗濯は溜めても1日おきにしますし、旅行に行っても4組あれば事足ります。長期旅行の場合は、旅行先で洗濯するものですから。そうすると必要な数は4組でいいのです。パジャマも私は2組しか持っていません。

食器類やカトラリーも基本的に家族分あればよくて、棚を買ってまで食器を増やす必要はありません。うちには作り付けの小さな食器棚が1つあるだけですが、そこに入る分しか入れていません。お客様がたくさん来て、足りないときは紙皿を使ってもらっています。

使わないものでもなかなか捨てられないという人は、人にあげたり、メルカリやヤフオク！に出したりしましょう。とにかく家の中に置かないようにすることです。

手軽に買い直せるものは
躊躇なく捨てる

● ● ●

077で、片付けのコツは収納上手になることではなく、使わないものは捨ててものを減らし、棚やクローゼットをスカスカな状態で使うことだとお伝えしました。

ただ、どうしても捨てるときに躊躇してしまうという人は、収納や物置の一角にダンボールなどを置いて、そこに捨てるのに躊躇したものを入れましょう。そして、2カ月待って一度も使わなかったら、晴れて捨ててください。そうやって段階を踏むことで、心が痛まずに捨てやすくなると思います。

再調達のコストの基準を設ける

そもそも、ものというのは、持っているだけでは価値はありません。使って初めて価値があります。だから使わないものは、スペースを食うただの家賃ドロボーなのです。そうとわかっていても捨てるのを躊躇するのは、また使うときが来るかもしれない、と思うせいでしょう。そのタイミングは滅多に来ませんが、また使うときが……と思ったら、「再調達」について考えてみてください。

例えば、本を捨てたり売ったりして処分する場合、この本は図書館で借りられそうだし、中古本を安く書い直してもいいな、など、**再調達にかかるコストの基準を設ける**といいでしょう。その基準は人それぞれですが、3000円以内、5000円以内、1万円以内で買い直

せるものだったら今捨ててもいい、というふうに決めると、いろいろなものを捨てやすくなります。

　私の場合、以前はキッチン用品で使っていないものがたくさんありました。ケーキをよく作っていたときの型や台、あるいは野菜専用のカッターなど。そういうものをまとめて処分したときに、あとで1つだけ困ったものがありました。それはポテトマッシャーです。娘がコロッケが好きで、久々にうちに遊びに来たとき、コロッケを食べたい、と言われて、さあ作るぞ、と思って準備していたら、ポテトマッシャーがありませんでした。がーん！と思ったものの、近所のスーパーに行ったら1000円ぐらいで売っていました。

　そんなふうに、**手軽に買い戻せるものについては、躊躇なく処分をするというのが基本**です。あまり使用感がないものならば、メルカリやヤフオク！に出すほか、ほしい友達に譲るのもいいでしょう。まだ使えるのに捨ててしまうことへの罪悪感から解放されます。

使わないものを持っているのは居心地が悪い

　家のものを捨てるときは、お風呂場や洗面所、台所など、そこですることが明確な場所からやるのがおすすめです。することが明確な分、そこで使うものと使わないものの分別もわかりやすいからです。物置や収納など、いろんなもので溢れているところは最後のほうにやらないと挫折します。まずは難易度の低い場所からやってみてください。

　捨てるにしても売るにしても、使わないものがなくなると、普段使うものがものすごく使いやすくなることを実感できます。それはまさに快感で、一度味わうと、「使わないものを持っているのは居

心地が悪いこと」と感じるようになれます。

　子どもの小さいころの工作や絵など、思い出の品は捨てにくいものの代表だと思います。でも、普段使うものでもなければ、見返して愛でることもないでしょう。そこで、思い出の品は写真に撮ってアルバムにまとめて、実物は捨てます。もちろん、子どもに確認して、いらないと言ったものに限ります。親としては、全部取っておきたくなるものですが、子ども自身が大事にしているものは本人が保管しているものです。聞いてみて、もういらない、というものまでは、わざわざ取っておく必要はないと思います。

　あと、意外と家電の箱も捨てるのに困るものの1つでしょう。扇風機やストーブなどの季節モノは物置にしまうときに必要で、メーカーに修理に出す場合も必要になるし、と思うと捨てられなくなります。ただ、修理の際に送るときは、オリジナルの箱以外のどんなダンボールでもよくて、プチプチシートでくるんで梱包すればOKです。もしオリジナルの箱が欲しいときは、家電メーカーに問い合わせると送ってもらえます。

　売るときに、家電の箱がないと安くなってしまう、という話ですが、安くなってもせいぜい500〜1000円の話です。500〜1000円のために、あのかさばる箱をずっと取っておくことが、賢いのかどうか……。私は、捨てていいんじゃないかな、と思います。

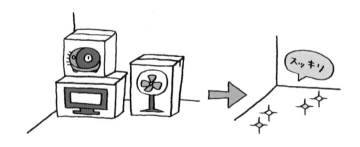

〈 片付け 〉

自分が死んでしまったときのことを考えてみる

• • •

　2019年8月に、私が2016年4月に単行本で出した『勝間式汚部屋脱出プログラム』（文藝春秋）という本が文庫になりました。

　この本の裏表紙に写真を載せましたが、私の家は、昔はびっくりするぐらいの汚さで、どの部屋もいろんなもので溢れかえって、足の踏み場がほんの少ししかなく、人を招けないようなひどい状態でした。かろうじて招けたのは、親族と本当に親しい一部の親友だけ。

　そんな生活を長年送っていた私が2015年の終わりに一念発起して、2週間で家をきれいに片付けて人を招ける状態にしました。そして、それをきっかけにして自炊をするようになって、こまめに動くようになった結果、ダイエットにも成功。人生がどんどんいい方向に変わっていったことを冒頭の本にまとめたわけです。

もし、自分が今死んだらどうなるのか？

　文庫版では、単行本版や電子書籍版の一部を加筆修正して、最後に「文庫版の出版にあたって」という形であとがきをつけたのですが、その内容は、今だから言える片付けを始めた一番のきっかけのことです。それは、女優の川島なお美さんがお亡くなりになられたことでした。

　なお美さんと鎧塚俊彦さんのご夫妻とは親しくしていて、一緒に

ゴルフや食事に行ったり、ボランティアをさせていただいたりする仲でした。なお美さんがお亡くなりになった後、お通夜やお葬式などで鎧塚さんとお会いする機会が重なって、そのとき彼から「妻のものが家にたくさん残っていて、どれも思い出が詰まっているものだから片付けられない」という話を聞き、片付けどころではないつらい心境を察しました。

　なお美さんと私は歳が近くて、5歳くらいしか違いません。**だから余計に、もし今私が死んだら、いったい誰がこの部屋を片付けて、誰が遺品を整理して、誰が弔うのかな、**という想像がふくらんで、汚部屋のままにしていたら、子どもたちが大変だろう、と思いました。

　もちろん、なお美さんのことがあった以前から、足の踏み場もないことや、人を招けないほど汚い状態をどうにかすべきだと思っていましたが、片付けを決心する最後のひと押しが、なお美さんがお亡くなりになられたことだったのです。

「収納破産」と引っ越しを繰り返す

　かつての私は、部屋が散らかってどうしようもなくなると、引っ越しをしていました。そのペースは、3〜4年に1回。引越しをしてしばらくの間は、片付いたきれいな状態ですが、徐々にもので溢れかえるわけです。私は「収納破産」と呼んでいますが、クローゼットや引き出し、納戸などの収納スペース以上にものが増えると、当然のことながら収まりきらなかったものが、あちこちに散在し始めます。それでまた引っ越しをして、収納破産→引っ越しを繰り返したわけです。

　それを二度と繰り返さないように、収納破産をしないルーティン

を作ろうと思ったとき、ある原因に気づきました。それは、家事を最低限しかしていなかったことでした。

　30代半ばから10年以上、ずっと家事は家政婦さんにお願いしていたので、自分で掃除や洗濯をするのは、基本的に土日だけ。

　家政婦さんにお願いしていたのに、なぜ散らかるのかというと、**家政婦さんは部屋を掃除することはできても、家のものを捨てることはできない**からです。いるものといらないものの分類をできるのは家主の私で、家政婦さんは勝手に捨てることができません。それでも整理整頓してくれたおかげで、暮らすことができましたが、片付けにおいて一番大事な「捨てる」ということを長年しなかったので、ものは増殖するいっぽう。それが、収納破産を繰り返す原因だったのです。

片付けで人生がいいほうに開けていく

　汚部屋脱出後、家政婦さんには辞めていただきました。以降、家事はすべて自分でするようになって、効率化できるところを見つけて改善し、家事の最適化を重ねています。かつて、家事を任せていたときの幸福度が40％ぐらいだとしたら、今の幸福度は110％ぐらいになった実感があるので、3倍近く幸せになりました。

　どんどん人を呼べるようになると、仕事とプライベートの両方で新しいつながりができるので、活動の場が広がって、人生がいいほうに開けていくのを実感します。

　考えてみれば、家は生活の基盤で、基盤が整っていれば人生が好転するのは当然とも言えますが、そのことに気づくのにだいぶ時間がかかってしまいました。

頑張らなくても、散らかりようのない仕組みを作る

• • •

　私は片付け本も出しているので、片付けに関する取材を受けることがあります。そのときに共通して聞かれるのが、一時的にきれいに片付けることはできても、片付いた状態を保つのが難しいがどうしたらよいか、ということです。

　私は2015年の終わりに片付けをして汚部屋を脱出して以降、2020年6月現在、およそ4年半、ずっと片付いた状態を保っています。その理由は単純で、**散らかるペースよりも、片付けるペースのほうが速いから**です。

　逆に、散らかるペースのほうが速いと、気づくと散らかっていて、気合いを入れて片付けなくてはいけなくなります。なんとか片付けたとしても、片付けるのは大変で面倒くさい、というイメージが色濃く残るため、すぐまた片付けなくなります。それで、気づくと散らかっている、という状態を繰り返すのです。

　これは、ダイエットのリバウンドに非常によく似ています。ダイエットは、1週間とか1カ月とか、集中的に頑張ってすることが多いですよね。でも、頑張って無理した分、あとで食欲が暴走してカロリー摂取が過剰になりがちで、その結果リバウンドしてしまいます。

　一時的に頑張って片付けをしても、片付いた状態を保てないのも同じ仕組みです。要は、**頑張らなくても散らからない仕組み**を作らないといけないわけです。その、頑張らなくても散らからない仕組

みとは、**整理整頓する必要がないほど、ものを減らすことと、使ったらすぐ片付ける**、ということがポイントです。

最低限のものしか置かず、リアルタイムで片付ける

　うちは、食器の数をすごく少なくしています。普段、使っているのはお皿2〜3枚で、多くて4枚。この数枚を出し入れするのに、もし棚の中に何十枚もお皿があったら、ほかのお皿をよけたり、一度取り出したりして、手間がかかります。当たって欠けたり、落として割ったりする確率も上がるでしょう。それも、全体数を少なくすることで防げます。

　調理器具も普段よく使う、最低限のものしかありません。包丁は同じ大きさの穴あき包丁が3本あるだけで、それで肉、野菜、果物、チーズもなんでも切っています。

　洗剤やトイレットペーパーなどの買い置きするような日用品は、使用中のものの残量が半分以下になったら買うようにしています。それ以上のペースで買い足すと、在庫が増えすぎて管理しにくくなるのでおすすめしません。

　食器や調理器具は、使ったらすぐ洗うのを基本にしています。あとでまとめて洗うことにすると、何倍も労力がかかって、洗い物に対するハードルが上がってしまいます。

　私はウォーターオーブンを愛用していますが、肉や魚を焼いて、庫内の油ハネや臭いが気になるときは、使用後すぐに庫内を掃除する自動機能をオンにします。それをすぐすると汚れが溜まらず、あとで軽く拭き取るだけで済みます。すぐにしないで放置するから、どんどん汚れが溜まってしまうのです。

　同じように、私は新聞もリアルタイムで片付けています。読んだ

らすぐ新聞置きに持っていくか、鳥を飼っているのでカゴの掃除に使います。そして、新聞置きの半分のラインを超えたら、そのままマンションのゴミステーションの新聞置き場に持っていきます。だいたい、10日に一度のペースでそうしています。それ以上溜めると紐で縛ったり、重い思いをして運んだりしなくてはいけないなど、やはり手間がかかるのです。

30cm四方以上のものを買うときは慎重に

こうして、ものの数を減らして、使ったらすぐに片付けるようにすると、散らかりようがありません。すると、片付いている状態を維持できて、気合いを入れて片付ける必要がなくなるので、すごく楽なことに気づくと思います。ものを探すのも簡単ですし、床に散在したものにつまずかずに済みます。

そういう状態を保つこと＝頑張らなくても片付いた家を保つ仕組みです。

新しいものを買うときに、想像してほしいことがあります。それは、**これを買ったら、ダンボールや緩衝材を片付けるのはどのくらい面倒くさいか？** ということです。ちょっと想像するだけで衝動買いを防げて、やたらに買わなくなると思います。

特に、30cm四方以上のものは片付けが大変になるので、購入の際は慎重になってください。そういうことを繰り返すうちに、家がもので溢れかえることはなくなりますし、お金の無駄遣いも減っていきます。

料理

フライパンと鍋を捨てて、ヘルシオとホットクックを使う

● ● ●

　外食するよりも、自宅に人を呼んだほうがゆっくりできるから好き、という人は多いと思います。私もその一人で、ゆっくりできることに加えて、自分でご飯を作れば余分な砂糖や油を使わないで済み、野菜がたくさん摂れることもメリットだと思っています。

　自分で作る、と言っても、私がするのは食材を切るだけで、調理は調理家電のヘルシオウォーターオーブンレンジ（以下、ヘルシオ）**とホットクックがしてくれます。**

　このヘルシオとホットクックが1台ずつあると、家庭料理に加えて、おもてなし料理も簡単かつ、失敗なくできるのでおすすめです。

ヘルシオとホットクックのおすすめ料理

　私は、クリスマスやお正月などの大きめのイベントで友達を家に招くとき、よく鶏の丸焼き（ローストチキン）を作ります。鶏まるごと1羽だと1〜1.5kgありますが、値段は1000円台です。それで、4〜5人分は食べられる量があります。

　作り方は、ヘルシオを使って180℃で約40分焼きます。ヘルシオは、通常のグリルではなく、ウォーターオーブン機能（過熱水蒸気料理）で焼くと、中はふっくら皮はパリッとした、理想的な鶏の丸焼きができます。ヘルシオは焼き物が得意なので、焼豚やローストビーフも失敗なくおいしくできます。牛肉は100gあたり200〜300

円しますが、外で食べるよりはずっと安く済むので、その分たくさん食べられます。肉の周りに、ジャガイモやニンジン、ブロッコリーなどの野菜を敷き詰めて、一緒に置いて焼くのがおすすめです。

ホットクックでは、カボチャやジャガイモなどのポタージュをよく作ります。ホットクックは無水料理ができるので、スープのほかに煮込み料理も得意です。私はよく、ビーフシチューやホワイトシチュー、ミートソース、ラタトゥイユも作ります。

こんなふうに、焼き物とスープや煮込み料理がダブルでできると、立派なおもてなし料理になるわけです。ヘルシオもホットクックも素材のおいしさを引き出してくれるので、味付けはほとんど塩のみでOK。塩分量は、食材の総量の0.6～0.7%と覚えておいてください。

ヘルシオとホットクックが調理してくれている間に、サラダを別途作ります。おすすめは、ベビーリーフのサラダです。ベビーリーフは成長した野菜よりビタミンやミネラルの含有量が豊富で、栄養価が高いのも特徴です。しかも、袋から出してそのまま、洗わずに使えます。果物やチーズ、ナッツを乗せると見栄えがよくなって、パーティーメニューにふさわしくなります。

ホスピタリティーを上げて人の輪とチャンスを広げる

おもてなし料理を作れるようになると、自宅のホスピタリティーが上がります。すると、友達が新しい友達を連れて来てくれることが増え、人の輪が広がります。人の輪が広がることは、仕事でもプライベートでも、より豊かになるチャンスが広がることとイコールです。それに、ヘルシオとホットクックのダブル使いが一役買うわけです。

　どちらか1つは持っている、という人は、両方揃えることを検討してみてください。そして、ダブル使いに慣れてきたら、ホームベーカリーを買って、手作りのパンに挑戦するのがおすすめです。焼き物と煮込み料理に加えて、手作りのパンがあると、おもてなし料理として申し分ないと思います。私の最新のオリジナルレシピに興味がある方は、『ラクしておいしく、太らない！　勝間式超ロジカル料理』（アチーブメント出版）にまとめたので、ご覧になってください。

　1点注意を。ヘルシオとホットクックを同時に使用する場合、電力が問題になることがあります。ヘルシオは1400ワット、ホットクックは800ワット必要です。一般家庭の台所はだいたい20アンペアなので、両方同時に使うと、結構ブレーカーが落ちます。その場合は、台所の配線を見直してみてください。

　私は台所の配線はヘルシオ専用のものを引いていて、ホットクックにはさらに隣の部屋から線を1本引っ張ってきています。こうすることで、両方同時に使えるようになりました。せっかく便利な調理家電があるのですから、いっぺんに使ってもブレーカーが落ちないような設計をしてみてください。

　ちなみに、私はヘルシオとホットクックを2台ずつ持っています。一般の方はそこまでやる必要はありませんが、2台ずつあると、例えばこんなことができます。

　1台のヘルシオで全粒粉のパスタを蒸し茹でにして、もう1台ではチキンの網焼きを作る。1台のホットクックではホワイトソースを、もう1台で蒸し野菜を作る。そして、パスタの上に乗せると、野菜のホワイトソースのパスタのできあがり。

　所要時間は20〜25分。チキンの網焼きはパスタに加えてもいいですし、おかずとして食べてもどっちでもすごくおいしいですよ。

ヘルシオとホットクックの
どちらを先に買えばいいか

● ● ●

081で、おもてなし料理にはヘルシオ（ウォーターオーブンレンジ）とホットクックのタッグ使いをおすすめしましたが、キッチンのスペースや予算の問題で1つしか買えない、あるいは、いきなり2つを使いこなす自信はない、という人もいると思います。そこで、1つ買うならどっちにしたらいいか、失敗のない選び方を解説します。

まず、2つの大きな違いは価格です。ヘルシオは一番安いもので6〜7万円で、一番高いものだと12万円ぐらいになります。いっぽうのホットクックは、3万〜6万円。価格が倍違いますので、予算的にあまり出せないということであれば、ホットクック一択になります。これが1点目です。

2点目の違いは、設計概念です。ホットクックの特徴は無水料理ができることで、スープや煮込み料理に適しています。予約機能を使うことによって、朝セットして出かけると帰宅時にはできあがっている、という便利さも魅力です。扱いも非常に簡単で、鍋や内釜などの器具を2つ3つ洗えばOK。あと、蒸し料理もとてもおいしくできます。炒め物や煮物の仕上がりは普通で、私は感動するほどのおいしさはないと思います。かき混ぜ機能が内蔵されているものの、大雑把にしかできないのが一因でしょう。

いっぽう、ヘルシオの特徴は、レストランなどで使われているスチコン（スチームコンベクションオーブン）の家庭版で、できることがす

ごく多彩ということです。焼く、蒸す、ウォーターオーブン（過熱水蒸気料理）、揚げる、炒める、煮込むなど、やろうと思えばなんでもできて、仕上がりはレストラン並みか、それ以上という優秀さです。ただし、機能が多彩で作れるものが多いということは、使いこなすまでに時間がかかるということを意味します。料理好きやおいしいもの好き、なんでもマニアックにやるのが好きなタイプでないと、ちゃんと使いこなすのは難しいかもしれません。

　メンテナンスが必要なこともネックになるでしょう。例えば、蒸し物や蒸し焼きをすると、庫内が水びたしになるので、きちんと拭き取って乾燥させる。水タンクに溜まる水をマメに捨てる。月に1回ぐらいのペースで、クエン酸入りの水で洗浄する、など。こうした手間暇がかかるから、せっかくヘルシオを買ったのに電子レンジ機能しか使っていない、という人が多いようです。

　この手間暇が、3点目の違いです。すなわち、**手間暇がかかるのは嫌で、いつもの家庭料理をおいしく簡単に作りたい、という人はホットクックを。手間暇がかかっても、とにかくおいしいものを作りたい、という人にはヘルシオをおすすめします。**

ヘルシオを買ったら必ずしたいこと

　ヘルシオを買ったら、蒸すのと焼くのを同時にするウォーターオーブン機能を使わないと、買った甲斐がないと言っても過言ではありません。やり方自体は実に簡単で、チキンの網焼きを作る場合は、鶏のもも肉1枚（約200g）を天板に置いた網の上に乗せて、「まかせて調理」の「網焼き」の「強め」を選んでスタートボタンを押すだけです。肉が大きくて300gぐらいあるときは5分延長しますが、トータル20〜25分で、ものすごくおいしいチキンの網焼きが

でき上がります。うちに来る人に出すと、皆さん洩れなく「わぁおいしい！」と声に出して喜んでくれる一品です。

　このウォーターグリル料理のおいしさを知ってしまうと、普通のグリル料理には戻れなくなります。私はよく、豚肉を低温スチームにして、自家製無塩ハムも作ります。チキンの網焼きと同様に、天板の網の上に肉を置いて「低温蒸し（70℃）」を選んでスタートボタンを押すだけです。冷蔵庫に入れておいても硬くならず、翌日もおいしくいただけます。

失敗しない型番選び

　では、それぞれにどの型番を買えばいいのか、ということについて説明しましょう。

　まずホットクックには、2.4Lと1.6Lがあります。これは家族の人数に応じて決めてほしいのですが、私は一人暮らしの人には**1.6L、2人以上であれば2.4Lをおすすめします**。1.6Lでも、結構な量ができるのですが、1回の作る手間はそこまで変わらないので、2.4Lでまとめて作って、2回に分けて食べたほうが無駄がないと思います。

　1.6Lには新型と旧型があって、旧型は意外と自動メニューが少ないです。私が好きでよく作るカボチャのポタージュなどが自動でできないので、手動で作ることになります。その手間をかけたくなければ、新型にしてください。

　2.4LにはB、C、Eと3種類ぐらいありますが、機能はどれも大差ないので、一番安いBで問題ないと思います。ただBだと自動メニューを番号で選ばなくてはいけないので、番号表をどこかに貼っておく必要があります。それをしたくない人は、液晶パネルがつい

たC以上の新しいものにすると、パネル操作で選べます。

ヘルシオは、30Lの2段調理を買ってください。26Lの1段調理や18Lの安いものもありますが、ヘルシオは30Lでないと予熱に時間がかかります。どの調理法でも最初の2〜3分は予熱に費やされ、蒸し物だと5分後ぐらいからやっと料理が始まります。その遅さのために、使わなくなってしまう人もいるほど。私は1段調理しかしないだろうな、という人も30Lの2段調理にしたほうがいいと思います。一人暮らしの人も、ヘルシオを買うなら断然30Lの2段調理です。

予算に余裕がある人は、最新型のAX-XW600を買ってください。そうでなければ、昨年、一昨年と、型番を1年ずつ落として、500か400にすると、値段が2〜3万円下がると思います。300以上であれば、どれでも構いませんが、300はあまり出回っていないので、最新版の600か、500か400で選ぶといいと思います。

⬆ヘルシオ（ウォーターオーブン
　レンジ）

⬆ホットクック

〈 料理 〉

ネットスーパーを活用して、「やせる冷蔵庫」にする

・・・

　うちの冷蔵庫の中の特徴は、上段が基本的にガラガラです。水、果物、卵、カルピスバター、パンを作るための天然酵母、あとは生の肉や魚とチーズという感じで、ほとんど食べ物が入っていません。冷凍庫もガラガラで、氷と、ときどき肉を冷凍するだけに使っています。その代わりに、野菜室はいつもぎゅうぎゅうで、シイタケやシメジなどのキノコ類、ベビーリーフ、ニンジン、トマト、玉ねぎ、ナス、イモ類など、所狭しと入っています。

　つまり、うちにあるのは肉や野菜などの生鮮食品のみで、**市販のお惣菜や冷凍食品など、油脂や人工甘味料がたくさん入った加工品は一切ありません**。ソースやマヨネーズ、○○のタレの類も添加物が多いので、調理にも食べるときにも使いません。調理家電のヘルシオ（ウォーターオーブンレンジ）やホットクックがあれば、食材本来のおいしさを引き出す低温調理ができるので、市販のソース類をはじめ、基礎調味料のみりんや砂糖も使う必要がないのです。ほとんどのものが、良質な塩とオリーブオイルだけで味が決まります。

　これが私の自炊スタイルで、1年、2年、3年と続けるうちに気づいたことがあります。それは、**余計な調味料を使わずに調理した生鮮食品は、毎回お腹いっぱい食べても太らない**ということです。太らないどころか少しずつやせていって、62kgから50kgになりました。食事以外にも、お酒を飲まなかったり、こまめに動くようにしたりするなど、気をつけていることはありますが、体重を楽にコン

トロールしたいなら、余計な調味料を使わずに生鮮食品を調理して食べるに限ると思います（詳しい減量法と健康法については、Chapter8で後述します）。

重い生鮮食品も楽々揃う

　私は、1食に使う肉や野菜などの食材の総量を300〜500gに設定しています。1日3食で計算すると、最大1.5kgの肉や野菜が必要になってきます。3日分で4.5kg。家族がいたら、2人分で3日で9kg、4人分だと18kg。もはや、普通にスーパーで買って、持って帰るのが難しい重さです。たとえ車を使ったとしても、車で家まで運んで、さらに車から家の中に運ぶのが大変な量です。

　ではどうしたらいいかというと答えは簡単で、**ネットスーパーで頼んで運んでもらえばいいのです**。私は今、Amazonフレッシュを利用していて、送料が無料になるように、まとめて買うようにしています。すると、**お腹いっぱい食べても太らない生鮮食品で詰まった「やせる冷蔵庫」ができあがる**のです。

　繰り返しますが、やせる冷蔵庫のポイントは生鮮食品ばかりにすることです。スーパーでいえば、外周に置いてある食品ですね。添加物たっぷりの加工食品は一切買いません。

　生鮮食品からしっかり栄養を補給すると、体と心も満たされます。だから、中毒性の高いお菓子やお酒に手が伸びない、という好循環も生まれます。

　ネットスーパーを利用すれば、その状態にグッと近づけるわけです。重たい食材だけネットスーパーで買う、という利用法もアリだと思います。こんなにも楽か、と思うはずですよ。楽になった分、自炊する意欲が増すことでしょう。

ヘルスハック！

〈健康管理こそ未来への最大の投資〉

Before  After

ダイエットの3本柱で
適正体重にする

・・・

　私の体重は、小学生のころまでは40kg台で、その後成長とともに増えて中・高時代は50kg前後。太り出したのは大学時代からで、身長は158cmで止まっていたのに体重はジワジワと増加。3回の妊娠・出産を経て多忙を極め、外食続きだった30代のサラリーマン時代には60kg台に突入。62kgの小太り中年体型で、最大時の服のサイズは、Lサイズでもギリギリなぐらいで、LLのほうがいいかなぁ、という感じでした。

　テレビによく出ていたころもそのような体型だったので、服を借りてきてくれるスタイリストさんを困らせていました。メーカーから借りられる服は、ほとんどがMかSで、Lはないも同然だからです。当時の私には入る服がなく、やっと見つけたLサイズを貸してくれるメーカーで無理やりスタイリングしたり、私の事務所がお金を出して洋服を買ったりするなど、本当に手間をかけさせてしまいました。

　だから、テレビのダイエット企画から声がかかったとき、スタイリストさんと事務所から「お願いだからやせてくれ！」と言われ、その企画に参加することになりました。

　それは呼吸法によるダイエット企画でした。番組からは、1カ月で10kgぐらいやせてください、というオーダーを受けたにもかかわらず、全然やせません。呼吸法自体は腹筋も使うし、とてもよいものですが、それだけでやせるのは無理なわけです。それでもテレビの企画ですから、期限もあったため、食べる量を極端に減らすな

どして、なんとか52〜53kgに落としました。でも、気がつくとすぐに58kgくらいまでリバウンドしてしまいました。

　それ以外にも、ダイエット教室に通ったりして、52〜53kgに落としたことが何回かありました。でもやっぱりすぐ、リバウンドしてしまうのです。そういったことを20代から40歳になるぐらいまで繰り返して、いい加減人を頼るのはやめよう、と思い、国内外の肥満に関する本を読み漁りました。

　その結果、やっと自分が太っている原因がわかったのです。それは、食事と運動、睡眠に問題があるせいでした。

カロリーは高くても栄養価が低いと食べすぎる

　1つ目の食事の問題は、カロリーがあるわりに栄養価が低いことでした。当時は外食が多く、市販のお惣菜や加工食品などを無造作に食べていたので、カロリー量のわりに栄養が足りていなかったのです。そういう食事だと、**食べても栄養が足りないので体が満たされず、満腹感を得にくくなります**。だから、しょっちゅう食べてしまうし、食べていないときは食べたいのを我慢している状態なので、食べる機会があると食べすぎてしまうわけです。結果として、適正なカロリー量で収まらず、間食のお菓子なども含めて、常に食べすぎてしまっていました。

　具体的にどの栄養素が足りなかったかというと、タンパク質と食物繊維、それからビタミンやミネラルといった微量栄養素でした。これらをちゃんと摂取する方法は簡単で、野菜や肉、魚などの生鮮食品を買って自炊をすることです。ご飯は玄米、パンは全粒粉にすると、精製された白米や白い小麦粉よりも食物繊維が豊富なため、満腹感がより上がります。私は実際に、そうした食事を摂っていますが、間

食をしたいと思いません。たまに間食しても、果物を何口か食べれば満たされるので、甘いお菓子を食べたいと思わなくなりました。

日々の活動量を増やすと睡眠の質が向上

　2つ目の運動の問題は、ジムに行って汗を流すということではなく、通勤や家事、階段昇降などの日常生活活動による消費エネルギー（非運動性熱産生）が不足していたことでした。当時の私は、車の移動が中心の生活を送っていました。平日は家政婦さんにお願いしていたので家事をやらず、家にいると動くことがほとんどありませんでした。買い物も全部宅配でお願いしていたので、買い物のために出かけることもないわけです。歩数計はつけていませんでしたが、おそらく、よく歩いたと思う日でも4000〜5000歩程度だったかと思います。今は歩数や消費カロリーはスマートウォッチで管理していて、1日1万歩以上歩いています。

　仕事の合間には、スクワット椅子での上下運動やダンベル体操、VRゴーグルのオキュラスクエストをつけてeスポーツなどをして、毎日200〜300kcal消費することを目標にしています。そうして毎日の中で適度に運動をしていると気分転換にもなりますし、体重も管理しやすくなります。**週1〜2回のジム通いでは、まったく運動量が足りません。日常生活活動を増やすことが大事なのです。**

　日常生活活動を増やしたら、3つ目の問題、睡眠に関してすごくいい影響がありました。私は、睡眠もスマートウォッチで管理していて、目標の最低7時間、できれば8時間睡眠をクリアできるようになりました。

　なぜ睡眠がダイエットに関係するかというと、**睡眠不足だと空腹が我慢できなくなるからです。**食欲をコントロールするホルモンに

は、食欲を抑えるレプチンと食欲を促進するグレリンの2つがあります。睡眠時間が短くて活動時間が長くなると、その分、体はグレリンの分泌を増やして食欲を増進させ、栄養摂取に努めようとします。逆に、睡眠時間をちゃんと取れば、活動時間が短くなる分レプチンの分泌が増えて食欲が抑制されます。その結果、適正体重になって体型を維持しやすくなる、というわけです。

ストレスが溜まりにくくなる

　この食事、運動、睡眠の問題を改善すると、そんなに苦労しなくても適正体重に落ちます。すぐに、ではありません。徐々に、です。私はここ最近、50kg前後をウロウロしていて、一度もリバウンドしていません。服のサイズはMでもちょっと大きいぐらいで、airCloset（エアークローゼット）は上下ともにSでお願いしています。体脂肪率も19％くらいです。ウエストや肩、腕まわりがキツイということはありません。以前はLサイズでも入らなかったというのは、どれだけ太っていたのか、と逆に感心してしまいます。

　もし、体重や体型の管理に悩んでいる方がいたら、食事、運動、睡眠の3つを見直してみてください。

　改善しやすそうなことから、1つずつ始めればいいと思います。**改善されるにつれて、やせるだけではなくて、健康的になってストレスも溜まりにくくなります。**ストレスがあると、どうしても私たちは食べすぎてしまいます。なぜなら、食べることはもっとも簡単なストレス解消法だからです。体を動かしたり寝たりすることでもストレスを解消できますが、手間や時間がかかるので、食べることを選んでしまうわけです。特に、仕事に追われて忙しい人や不規則な生活を送っている人は、そうなりがちなので注意しましょう。

やせる生活習慣を作る

• • •

084で、私が62kgから50kgにやせられたダイエットの「3本柱」について話しました。

①タンパク質や食物繊維、ビタミンなどを含む栄養価の高い食事を摂る
②通勤や家事などで、こまめに動いて日常生活活動量を増やす
③睡眠時間は最低7時間、できれば8時間寝る

これらを実践する際に、それまでの生活と何を一番変えたか、ということを話すと、より参考になるかと思い、いくつかエピソードを紹介します。

自炊は最強

まず、1つ目の食事。もっとも大きく変わったのは、自炊するようになったことです。62kgのころは外食がすごく多くて、家で食べるときも1から自分で作るのではなく、加工食品やお惣菜などを食べるケースも多くありました。外食や市販のものは、万人受けするように味付けが濃く、砂糖や油脂もたっぷり入っています。それによってカロリーが高くなり、普通の量か少なめにして食べても、太ってしまうわけです。

その点自炊をして、野菜や肉、魚などの生鮮食品を、塩やしょう

ゆなどの基礎調味料で調理すれば、余計なカロリーを摂らずに、栄養をしっかり摂ることができます。特に、調理家電を活用すれば、無水調理や低温調理で食材のおいしさを最大限に引き出してくれるので、本当に調味料は少量で済みます。そういうものは、お腹いっぱい食べても太りません。

　以前の私は量を気にして質を気にしていませんでしたが、今は逆です。**自炊によって質を保ち、量は気にしていません。**友達と外食するときは、しゃぶしゃぶやステーキ、お刺し身など、素材そのものを食べる料理を選ぶようにしています。

こまめに動くカギは、靴と片付け

　2つ目の運動で大きく変わったのは、よく歩くようになったことです。太っていたころの私は、1日平均3000〜5000歩で、今は平均1万20000〜1万3000歩ですから、運動量が約3倍になりました。我ながら、以前はどれだけ運動してなかったんだ、と呆れますが、ごく普通の生活だったと思います。会社に行って机に向かって仕事をして、遅くに帰宅して寝る、といったように。

　生活の中に運動する時間が1分もなく、これではダメだと思ってジムに入会し、週に1回通ったりもしました。でも、その程度の運動量ではまったく足りなくて、生活の中でこまめに動くことが大事なのです。

　そのことに気づいて、移動にはタクシーを使わなくなり、公共交通機関を利用するようになりました。駅構内で階段とエスカレーターがあった場合には、躊躇なく階段を選びます。乗り換えの回数が多くてもまったく気にしません。電車で1駅、2駅のところなら、歩いてしまうこともよくあります。1kmぐらいは余裕で徒歩圏内で

す。私が運営するキッチンスタジオや勝間塾の会場はうちから2〜3km離れていますが、歩くのが当たり前になっています。

自分の足に合った靴を履いて、荷物を小さくすると、歩こうという気持ちになりやすいでしょう。

歩くのも慣れの一種で、歯磨きをしないと気持ち悪いように、1日3000歩ぐらいしか歩いていないと、体が重たく感じて調子が悪くなります。そうなりたくないから、ついつい歩いてしまう。

家での運動習慣を身につけるには、部屋を片付けておくことがポイントです。散らかっていると、運動するスペースを確保するために片付けないといけません。それが心理的な障害になるので、運動したいと思ったけど、やっぱりやめた、となりやすいからです。最近、私が家でする運動メニューに加わったのは、オンラインレッスンによるヨガ、トランポリン、筋トレです。VRゴーグルによるeスポーツもよくしています。

睡眠の質を下げるカフェインやアルコールをやめる

3点目の睡眠で大きく変わったのは、覚醒作用のあるコーヒーや紅茶などのカフェイン飲料をやめたことです。カフェインを摂らなくなったら、夜11時になると自動的に眠くなります。7〜8時間、朝までノンストップで熟睡できます。

思うに、あれやこれやと睡眠の質を上げる工夫をするよりは、睡眠を阻害するものを除外すれば、睡眠の問題は簡単に改善できるのです。カフェインのほか、アルコールも眠りを浅くして睡眠の質を下げます。睡眠中にアルコールが代謝されて中途覚醒すれば、睡眠が分断されてしまうので、寝酒は禁物です。

こうして、「3本の柱」を整えると、単に体重が減るというより、

不調が治って体調が整う結果、体重も適正体重になります。もちろん、私と同じことをするのではなく、自分で改善したいことがあれば、それに取り組んでください。ただし、くれぐれも決して劇的な変化を求めず、自分のライフスタイルやお金が許す範囲で、少しずつ、少しずつやりましょう。何を達成するにも、夢のように素晴らしくショートカットできる方法はありません。改善したいと思う順に1つずつやってみるのがいいと思います。

　もし、改善したいことが「わかっているけど、なかなかできない」という場合は、環境整備ができていないことが原因だと思います。食事面では、ほったらかし料理ができる調理家電などを買う。運動面では、こまめに歩くように自分の足に合った靴を買い、部屋を片付けておいて常に運動できるスペースを確保する。睡眠面では、カフェイン入り飲料やアルコール飲料を家に置かない、など。

　そうやって環境を整備することが、「わかっている」と「できない」の隔たりをなくす最善策で、「わかっているけどできない」という状態から脱することができるのです。

086

太る食べ物は身近に 置かずに距離をとる

● ● ●

　私たちの意志は、ほとんど役に立ちません。人間も動物なので、食べたいものは食べたいのです。お腹が空いていなくても、目の前においしそうなものが出てきたら、がっつきたくなります。もはや反射的な反応で、制御する力がまったく働きません。だから、ケーキバイキングに行ったら、ケーキを5つも6つも食べてしまうわけです。フルコースの料理も、腹八分目でやめればいいと思っても、絶対十二分目まで食べてしまうものなのです。

　そういうケーキバイキングやフルコースなどの「誘惑」からは、遠ざかるしかありません。**食べる量をコントロールしようとするから難しいのであって、控えたい食べ物との距離をコントロールしたほうが絶対簡単で有効です。**

　うちにはいろんな食べ物がありますが、野菜や果物、肉、チーズ、ナッツなどで、お腹いっぱい食べても太らないものしか置かないようにしています。お腹いっぱい食べても太らないものとは、距離をとる必要はありません。食べたいときに、好きなだけ食べればいいのです。

　私はアルコールやカフェイン、菓子類を摂らないようにしているので、一切うちに置いていません。だから、うちに遊びに来る人には、それらを摂りたければ持参してください、とお願いしています。うちに置いておくと、非常に高い確率でその「誘惑」に負けるからです。繰り返しますが、動物だから仕方ないのです。喉が渇い

たら水を飲むように、目の前の誘惑には手が伸びてしまうものなんですね。

その誘惑に絶対負けない！　と頑張ると、どんどん意志が消耗して、「制御疲れ」に陥ります。その結果、次の誘惑に必ずのってしまいます。だから、初めから誘惑を排除して、視界に入れないようにするに限ります。

週1回、誘惑にのっていい日を作る

ただ、最初は誘惑を求める気持ちが強いせいで、誘惑から離れれば離れるほど、逆に誘惑のことを考えてしまいがちです。そういう場合は、週1回は誘惑にのっていい日を作ってください。

週1ペースなら、甘いものでも脂っこいものでも、食べても大した影響はないと思います。その代わり週6は食べないと決めて、誘惑に近づかない環境を整備することが重要です。そうすると、徐々に誘惑とのいい距離がとれるようになると思います。

くれぐれも、誘惑に負けるとわかっているのに、むやみに近づく機会を作らないようにすることです。近づいたら絶対に手が伸びて、「やっぱり我慢できなかった……」と、自己嫌悪感や罪悪感を抱きながら完食してしまうものなのです。

頑張って我慢できるのは1回目だけです。2回目も我慢できると思ったら大間違いで、1回我慢した分、過食しやすくなるでしょう。そうならないためにも、週1回は誘惑にのっていい日を作ったほうがよいのです。

砂糖の危険性を知り、シュガーフリーにする

・・・

シュガーフリーのフリーは「自由な」という意味ではなく、「○○を除いた」「○○を含まない」という意味です。

つまり、シュガーフリーとは、砂糖＝テンサイやサトウキビなどの食物や植物から分離した糖や、甘味料全般（果糖ブドウ糖液糖や異性化糖、ステビアなどの天然甘味料、トレハロースなどの天然糖質、アスパルテームやスクラロースなどの合成甘味料）、それらが含まれる調味料や加工食品を制限することです。

分離される前の状態の果物やサツマイモ、カボチャなどの野菜は食べてOKです。そこが、糖を含む食べ物すべてを控える糖質制限とは異なる点です。

シュガーフリー	糖質制限
食物から分離した糖、甘味料全般を制限すること	糖を含む食物すべてを制限すること

　欧米諸国では数年前から、砂糖は「マイルドドラック」と言われて、アルコールやニコチンと同じように依存性が高い物質として、注意喚起されるようになりました。

　ちょっと食べるともっと次が欲しくなり、それで食べるとさらに欲しくなる、という形で、どんどん砂糖の摂取量は上がっていきます。あるマウスの実験で、砂糖を溶かした水を飲ませるマウスと、麻薬のヘロインを溶かした水を飲ませるマウスでは、砂糖水を飲ませるほうが次々に欲しがって飲み続ける結果になりました。それほど、**砂糖というのは快楽物質**なのです。

　合成甘味料の場合は、自然界にない人工的な成分で作られているため、脳が糖として認識できないのも問題だと言われます。自然な糖なら摂取すると脳が糖として認識し、血糖値が上がることで満足感を得られますが、糖として認識できない合成甘味料の場合、脳は糖が入ってきていないと判断するため、より強く欲しがり続けてしまいます。

　そういった危険がないハチミツや黒砂糖などの天然の糖ならOKにする食事法もあります。完全菜食主義で動物性食品を食べないヴィーガンの人たちも、メープルシロップやアガベシロップを料理に使いますが、私はそれらも摂りません。理由は血糖値をコントロールしたいからです。血糖値を急上昇させるものは、基本的にすべてNGにしています。

　砂糖を摂取すると血糖値スパイクといって血糖値が急上昇し、それを下げるためにインスリンというホルモンがたくさん分泌されます。すると一気に血糖値が下がりますが、これが続くとインスリン抵抗性というインスリンが効きにくくなる状態になり、太りやすくなってしまいます。

　糖を含む果物やサツマイモ、カボチャなどの野菜を食べても血糖

値は上がりますが、それらに含まれる食物繊維が糖の吸収をブロックするので、血糖値は急上昇しないのです。

老化を早めてガンや脳卒中などの原因に

　私たちは昔から甘い果物や野菜を体に入れて、それで命を永らえてきたので、甘いものはおいしくて体に必要なもの、と脳にインプットされています。ただそれは古代の話で、食物から分離された糖や甘味料を手軽に摂取できる現代では、摂りすぎによる弊害が生まれたわけです。

　たくさん摂ってエネルギーとして使われなかった糖は内臓脂肪として残り、AGE（エージーイー、終末糖化産物）という老化物質の産生につながります。 その老化物質がガンや脳卒中、心臓病などあらゆる生活習慣病の元になることは、国内外の調査で明らかにされています。

　それなのに、どうして砂糖の危険性についてマスメディアで取り上げられる機会が少ないのか？　と疑問に思いますよね。タバコやアルコールと同じように依存性が高いなら、同じように危険性が叫ばれるべきだろう、と。それができない理由は、砂糖や甘味料はありとあらゆる加工食品に入っていて、利害関係者が多すぎるからです。

　テレビや新聞でも、さまざまな飲料水やお菓子、冷凍食品、調味料などのCMや広告がありますが、それらすべてに砂糖や甘味料が入っているわけです。CMや広告はメーカーがテレビ局や新聞社にお金を払って世に出るもので、テレビ局や新聞社は、それによる収入を失いたくないから、砂糖や甘味料の危険性について声高に言えなくなるわけです。

シュガーフリーにすれば、
塩分も控えられる

・・・

シュガーフリーを実践する第一歩は、砂糖や甘味料が入った甘い飲み物やお菓子を食べないことですが、それだけでは済みません。

日本人の食べるものには甘じょっぱい味付けのものが多く、たくさんの砂糖が入っています。牛丼やすき焼き、肉ジャガ、サトイモの煮っころがし、カボチャの煮付けなどの家庭料理にも砂糖か、みりんが必ず入っています。市販のおにぎりや漬け物のほか、すし酢やめんつゆなどの合わせ調味料にも、砂糖や甘味料が入っています。

とにかく、あらゆる食品に少しずつ入っているので、私たちも少しずつ太っていきます。それの何が悪いかというと、意識していないところで砂糖や甘味料を摂っている点です。自分としてはちゃんとした食事を摂っているつもりなのに、全然やせない、という結果を招くのです。

ではいったい、シュガーフリーを正しく実践するにはどうしたらいいのか。

外食派の人には申し訳ありませんが、**一番簡単で確実なのは自炊をして、味付けに砂糖や甘味料を使わないことです。**白砂糖だけではなくて、黒砂糖やはちみつ、メープルシロップなどもすべて、食物や植物から分離させて精製した糖ですからNGです。みりんもダメです。言うまでもなく、私は、味付けにそれらを一切使いません。

唯一、砂糖を使うのはパンを焼くときだけです。酵母の発酵を促す"餌"として、砂糖が必要不可欠で1斤あたり10〜15g使いま

す。市販の食パンだと、1斤30〜40gぐらいの砂糖が入っているので、約3分の1の量です。その1斤を8枚切りにして食べるので、1枚あたりの砂糖の摂取量は1.5g程度です。

砂糖を入れると塩も入れたくなる

　砂糖を入れないと味が決まらない、というのは、料理の時間が短すぎるせいです。例えばサツマイモやカボチャも、低温で30分とか1時間かけてゆっくり蒸したり焼いたりすると、中に含まれているでんぷんが甘みに変わっておいしくなります。それを強火で加熱して短時間で仕上げようとすると、甘みが引き出されないから、砂糖やみりんを足したくなるわけです。

　砂糖を加えて料理すると何が起こるかというと、塩分が欲しくなります。一般的な煮物のレシピを見ると、砂糖は食材総量の2%、塩は1%にして味を調整しているものが多いですが、ゆっくり加熱をすれば砂糖は不要で、塩は0.6%で十分おいしくなります。

　つまり、砂糖をなくすと塩の摂りすぎもなくなり、むくみを防ぐほか高血圧、心筋梗塞や脳卒中、腎不全などさまざまな病気を予防できるのです。 そのために、家には砂糖や甘味料、みりんをできるだけ置かないことをおすすめします。

　そうやってシュガーフリーを実践すると、毎食お腹いっぱい食べても太ることはありません。

　逆にもし、そんなに食べていないのになぜか太る、という人は食事に「見えない砂糖」が含まれているせいです。ぜひ食事を見直して、自炊を心がけてシュガーフリーを始めてみてください。

どうしても食べたいときは自分で作る

　どうしてもケーキやアイスクリームが食べたいという人は、自分で作りましょう。私も今でもどうしてもスイーツを食べたいときには、砂糖を市販のものより半分くらいにして自分で作ります。**自分で作るメリットは何かというと、砂糖の量が正確にわかることです。**

　WHO（世界保健機関）は1日の砂糖や甘味料の摂取目安量は25gまでで、1日に摂る総カロリー量の5％未満に抑えるべきというガイドラインを発表しています。この25gというのは上限として考えたほうがよくて、摂取量は少なければ少ないほどいいと思います。私の以前の摂取目安量は、5〜10gに制限していました。

　シフォンケーキやスポンジケーキを作るときには、1ホールで70gぐらいの砂糖を入れます。アイスクリームはまとめて作りますが、3人前ぐらいで20gぐらい。そうするとケーキ1切れの砂糖は7〜8gで、アイスクリームも1人前約7gで済みます。

　このように、自分で作ると砂糖の量を最小限に抑えられるのでおすすめです。

砂糖
7〜8g

LIFE HACK 089

白米の悪影響を正しく知り、白米フリーにする

• • •

　私には、砂糖のほかにも控えているものがあります。それは白米です。2019年の初めから食べていません。始めたきっかけは、昔の有名な調査で、白米を毎日たくさん食べている村は短命で、逆に白米を食べていい日や時期が決まっている村は長寿である、という本『日本の長寿村・短命村』（サンロード）を読んだことでした。医師の白澤卓二先生の『白米中毒』（アスペクト）という本も読みました。

　そして、さまざまな調査において、**白米のように精製された白い穀物を食べている人たちよりも、玄米のように精製されていない茶色い穀物を食べている人たちのほうが、平均よりも寿命が長い**という結果がはっきり出ていることに衝撃を受けました。

　白米は、玄米を精製して皮や胚芽などの食物繊維を多く含む部分を取り除いたものです。食物から分離した砂糖と同じように、糖のみ残したようなもので、特性も砂糖とよく似ていて、白米も食べると血糖値が急上昇します。その血糖値を下げるためにインスリンというホルモンが出て、血糖値は一気に下がりますが、そうしたことが続くと、インスリン抵抗性というインスリンが効きにくくなる状態になります。それが頻繁に起こると、2型糖尿病になってしまいます。

　多くの人が、糖尿病は血糖値が高い病気だと思っていますが、そうではなくて血糖値の上昇と下降が激しい病気です。血糖値が安定しないから疲れやすくなり、さまざまな内臓疾患や認知症の原因になってしまうのです。

　日本人は、比較的糖尿病が多い民族で、そのことと白米をたくさん食べることを関連づける調査は多数存在します。それなのにどうして、白米は体に悪影響があることが広まらないかというと、これだけの米文化の国で、白米に関わる利害関係者が多いせいでしょう。白いお米は日本人の心とか、ご飯は最後の1粒まで残すなとか、ずっと言われているわけですから、主食は白米というのが当たり前で、そのことに疑いを持ちにくいことは事実だと思います。

　私は、白米を食べなくなって、疲れにくくなったことを実感します。だから、疲れやすい人には特に、お米を食べないという選択をしてほしいと思います。

外食でもとにかく白米は食べない

　私の家には玄米しか置いていません。パンは全粒粉と強力粉を半々の割合にして作っています。外食に行ったときも、白米が入っているメニューを避けます。一番簡単に避けられるのは、お蕎麦かバイキングです。セットメニューや定食で、主食に玄米や雑穀米を選べる場合は必ずそれらを選びます。

　どうしても白米しかないときに、フランスパンに変えてもらったことがあります。フランスパンも白い小麦でできていますが、白米よりは硬いからよく噛みますし、バクバク食べられません。それが食べすぎを防いでくれます。**白米はよく噛まなくても溶けてなくなるので、どんどん食べることができてしまうのがデメリット**なのです。くれぐれも、白米を食べないからといって、代わりに白いパンやパスタ、砂糖をたくさん摂るのはダメです。

　完全に白米を食べないのは無理そう、という人は食べる曜日を決めて徐々に減らしたり、週に1回など、食べる回数を決めましょう。

ミネラルウォーターより安全な水道水を飲む

• • •

　私のYouTubeチャンネルの料理動画を見てくださった方から、どうして料理にミネラルウォーターを使わないんですか？　という質問を受けたことがあります。私がなぜミネラルウォーターを使わず、水道水を使っているのかについては、もちろん理由があります。

日本の水道水はとても安全

　理由は3つあって、1つ目は、**日本の水道水はミネラルウォーターの倍以上の安全基準をクリアしている**ことです。

　安全基準項目をクリアしている数は、水道水が50個ほどで、ミネラルウォーターは20個ほどです。日本の水道技術は諸外国に売り込むべきと称されるほど優れており、国は税金をかけて水の安全性を保っています。また、水道水には、病原微生物を殺して水を消毒するために塩素が入っていますが、その濃度は厚生労働省のガイドラインに従って1mg/L以下で、WHO（世界保健機関）のガイドラインの5mg/L以下と比べるとはるかに少ないことがわかります。

　もちろん、言うまでもなくミネラルウォーターを口にしても何の問題もありませんが、より安全であるとわかっているものを使いたいというのが私の発想です。

　水道の蛇口についている浄水カートリッジも不使用です。浄水し

てしまうと、安全性を保つ有効成分まで除去してしまうので使いません。また、カートリッジをこまめに取り替えないと、雑菌が繁殖すると聞きました。正確に言うと、ダミーカートリッジを使っています。カートリッジを入れるスペースに何も入れないと、水の流れがうまくいかないなどの不具合が生じると聞いたからです。

　2つ目は、水道水だとペットボトルやサーバー、サーバー用の水のストックを置くスペースや、捨てる手間が必要ないことです。私からしたら、**ミネラルウォーターを使うということは、安全性が低いものをわざわざお金を出して買って、保管するスペースが必要になりゴミが余計に出る**、という状態です。

　3つ目はコストです。ミネラルウォーターの場合、ウォーターサーバーだと2Lで170円ぐらい、ミネラルウォーターのペットボトルだと2Lで安くて100～120円ぐらい。いっぽう、水道水は2Lで約20銭。つまり、ミネラルウォーターだと500～600倍のコストがかかるわけです。そのお金を出して得られるメリットを、私はあまり感じません。

水道管が古いから水質が落ちるも嘘!?

　多くの人が水道水はカルキ臭い（塩素臭）と言いますが、**一度沸騰させれば臭いが取れる**ことも知っていると思います。冷やすだけでも臭いは気にならなくなるので、夏場はよく冷やして飲んでいます。

　氷を作るときは水道水が基本ですが、冷凍庫で作る氷はどうしてもマズくなります。なぜマズくなるかというと、短時間で凍らせるために気泡ができ、その気泡に冷凍庫内のさまざまな臭いを溜め込んでしまうからです。**そこで私は、16時間かけて氷を作る仕組みの容器を使っています。**市販のロックアイスはもっと長時間かけて凍らせるようですが、16時間のものでもほとんど雑味は感じず、断然おいしくなります。

　また、古い建物は水道管も古く、そのせいで水質が落ちる、ということもよく言われます。なんとなくうなずける話ですが、建物の管理会社は大半がまともで、水質管理を義務として行っているはずです。毎年水質検査をクリアしないといけないことを考えると、私はこの話は眉唾だと思います。

　だからもし、「なんとなく体によさそう」というテレビCMなどのイメージだけで、ミネラルウォーターを選んでいるとしたら、一度、自分の選択について考えてみるといいと思います。

　その結果、「どうしても、このミネラルウォーターじゃないとダメ！」というこだわりがあって選んでいるなら、ぜひそれを買い続けてください。そうでなければ、やめてもいいのでしょう。これまでミネラルウォーターにかけていた月々3000〜5000円が速やかに貯まります。

毎日1万歩以上歩くと、
人生が変わる

● ● ●

　2018年の12月ごろに読んだ歴史書で、人間が退化してきているのは歩かなくなったせいだ、ということを知って、面白い話だなぁ、と思いました。さらに、文明の発達によって歩かなくなったら万病が発生し始めた、昔の人のような鋭敏な感覚を取り戻すには歩くといい、という学説も読んで、なるほど、そうなのか、とも思いました。それで、毎日1万歩歩くことを決心したのです。昔の人はもっと歩いていたようですが、現実的に達成しやすいところで1日1万歩設定にしました。

　私の歩幅がだいたい60〜65cmくらいなので、1日1万歩歩くと、6〜6.5km歩くことになります。以前から、外出には公共交通機関を使ってなるべく歩くようにしていましたが、1日5000〜7000歩ぐらいでした。この3000〜5000歩の違いは大きくて、最初は1万歩歩くと疲れてグダグダになっていました。それで、三日坊主で終わらないように、友達同士で1日1万歩歩く「みんチャレ（みんなでチャレンジ）」を作って、お互いにスマホの歩数計画を送って励まし合いながら続けました。その結果、1日1万歩歩いても別になんともなくなって、夕方になっても疲れを感じなくなりました。

　1年後には、足腰が丈夫になって、体の動きがよくなりフットワークが軽くなったことを実感できました。 気づくと1日平均1万2000〜1万3000歩に増え、たまに1万5000〜1万6000歩になることも。体重は1〜2kg減っただけですが、何よりもウエストがかな

り細くなったのです。どれほど細くなったかというと、ワンサイズ以上細くなって、Sサイズでも大きくて困るほどになりました。**ユニクロのウエスト62やGUのSも、このサイズは粉飾ではないか、と疑いたくなるほどブカブカになりました。**お尻や太もも周りはちょうどよくても、ウエストはベルトでキュッと締めないと下がる感じです。

そんなにウエストが細くなった理由は、おそらく体脂肪率が減ったおかげでしょう。今、体脂肪率は19％くらいで、同年代の同じ身長、体重の女性の中では100人中4番目くらいの低さです。体脂肪には、皮下脂肪と内臓脂肪があって、万病の元と言われる内臓脂肪もしっかり減っていました。皮下脂肪は大して悪影響はありませんが、内臓脂肪は多いとガンや心臓病などの原因になるので、できるだけ減らしたいと思っていました。それが1日1万歩歩くことで叶うとは思っていなかったので、嬉しい驚きでした。

歩くことはタダな上、メリットだらけ

ゴルフに行っても、最後の18ホールまで体力が持つようになりました。ゴルフは、カートを使っても1万5000～1万6000歩は歩きます。以前は、後半は疲れてしまっていましたが、1日1万歩歩くようにしたら、後半も余裕で回れるようになりました。そのほかに感じる変化は、よく眠れるようになったことと、風邪を引かなくなったことです。

1日1万歩歩くことは、人間の動物性の回復に本当に効果的です。とにかく疲れ知らずで動けるので、動くのが楽しくなって、家にいても、マメに家事をして動くようになりました。

何がいいかというと、歩くことは、タダなのです。タダで健康に

なれる上、歩くだけで幸せホルモンと言われるセロトニンの分泌が促されるので、アルコールやカフェインなどの嗜好品に頼らなくても、気分を落ち着かせることもできます。もう、1日1万歩以下の生活には戻りたくないと思うほど、メリットだらけです。

　たまに、そんなに歩いて膝や足の痛みは出ませんか？　と聞かれますが、つま先と膝の方向を前に揃えて、ガニ股にならないようにしたり、自分の足に合った靴を履くようにしたりすれば、何の問題もありません。

　誰でもきっと2ヵ月、3ヵ月で嬉しい変化を実感できて、1年続けるとやめられなくなると思います。人生が変わります、というと、それは言いすぎだろうと思われるかもしれませんが、私は本当に変わると思っています。**なぜなら、行動パターンを変えると、体型のみならず考え方も変わるので、自ずと人生も変わるからです。**

　ダイエットしたい人も、今の自分を変えたい人も、ぜひ1日1万歩歩くようにしてください。1日1万歩歩いている人で、太っている人も、生きることに後ろ向きな人もいませんから。

092

毎日、ほんの少しずつでも
いいから必ず運動する

• • •

　私は未熟児で生まれました。小学校の2〜3年生までは学校を休みがちで、今でもちょっと体調を崩すとアレルギーが出て、大変な状態になることもあります。だから、人一倍健康志向が強いのかもしれません。とにかく、できるだけ老化を遅らせて、病気になりたくありません。そのために、熱心に運動をしているのです。

　国内外のさまざまな疫学調査で、適度な運動が肥満や糖尿病、高血圧、心臓病、脳血管疾患、ガン、認知症など、ありとあらゆる病気のリスクを下げることが明らかになっています。その適度な運動というのは、例えば、アメリカ国立がん研究所とハーバード大学の研究者の調査によると、週に2時間半（150分）、1日平均20分強です。この時間は調査によって異なりますが、1日20分以上運動しても悪影響はないようです。そこで私は時間に縛られずに、体重をコントロールしやすくするためにも、1日200〜300kcalは運動で消費することにしました。

　具体的には091などで書いた通り、1万歩以上歩いたり、家でダンベル体操やeスポーツをするなど、できるだけこまめに動くようにするほか、家でトランポリンを飛んだり、オンラインのジムに加入して1日30〜60分の筋トレやヨガをやっています。トランポリンは1人用のミニサイズで、リズムに合わせて飛ぶには脚だけではなく、腹筋もかなり使うので、いいトレーニングになります。床の上で飛ぶのと違って、関節に負担がかからないので、痛い箇所が出

ないのもメリットです。ゴルフのオンコースレッスンにも月に数回行っています。オンラインのジムとVRのジムは月額制なので、たくさん受講するほど得になるというのもモチベーションになります。なんといっても、家でできるのが最高です。

筋力や体力がつくと集中力も上がる

私の仕事は座り仕事が主で、動く仕事ではありません。そのせいで40代半ばから腰痛や膝痛が出始めました。当時、インボディという体の部位別の筋肉量を測定する装置で測ったら、昔は標準より多くて平均110%ぐらいあったのに、2018年には100%かそれ以下にまで減っていました。これは腰も膝も痛くなって当然だな、と反省して、2019年からはなんとか110%に戻そうと、今頑張っています。105%くらいまでは戻りました。

運動をして筋力や体力がつくと、集中力が持続しやすくなるのを実感します。また、頭も体と同様に視覚や聴覚などの感覚器を使って動いているので、運動をすることで頭の回転もよくなります。おかげで仕事の時間を短縮できて、無理なく毎日運動する時間を確保できています。平均すると、ここ最近の私は、毎日2時間は、何かしら運動していると思います。

繰り返しますが、何のために熱心に運動しているかというと、将来病気になるリスクを下げるためです。病気になったら最後です。とてつもないお金がかかるわけです。保険適用内で済ませるからいい、と思うのは健康なうちだけです。病気になったら絶対欲が出て、保険適用外の新しい薬や治療を、と思うものです。のちの治療代や入院代、介護費用などを考えたら、今運動に投資するのは微々たるもので済みます。

093
スマートウォッチで活動量を
モニターする

・・・

ダイエットで結果を出すには、とにかく続けることが大事です。が、今度こそは頑張るぞ！　と思っても、私たちの意志の力は本当にアテにならないので、はっきり言って無駄です。**そこで、モチベーションを維持するために、スマートウォッチをつけることをおすすめします。**

ダイエットに欠かせない運動量の目安となる歩数や消費カロリーなどと睡眠時間を計測できるだけではなく、1日の目標値を定めておくと達成度をチェックできて、達成度が低いと、ちゃんとやらなくちゃ！　という気になるからです。さながら、専属トレーナーに鼓舞される気分です。

例えば、自宅作業日の私の歩数は、夕方になっても3000歩前後で、目標の1万歩の3分の1も達成できていないことがよくあります。ほとんど座っていて立っている時間が短く、鼓動が激しくなるような運動は0分ということもわかるので、よし、スクワットやeスポーツをしよう、と腰を上げるのです。私のスマートウォッチの場合、目標達成度に合わせて画面にリングが形成されて、達成できるとリングが完成するようになっています。そのリングを完成させるのが毎日の習慣になっているので、完成しないと、なんだか気持ち悪いのです。

その、**毎日やらないと気持ち悪い、という状態を作るのが、ダイエットに成功するカギ**です。やる大変さ以上に、やらないと気持

悪いからやる、と。そうしたモチベーション作りのために、スマートウォッチはとても役立つと思います。

お財布事情と欲しい機能に応じて選ぶ

　私が最初に使ったスマートウォッチは、アップルウォッチでした。シリーズ1、2、3まで使い続けましたが、アップルウォッチは、充電が2日ぐらいしか持ちませんでした。それだと、睡眠時間の管理にあまり向きません。入浴時にいったん外して、15分や30分充電すれば一晩持ちましたが、ときどき充電し忘れたり、外したままつけ直さずに寝てしまったりして、私にはちょっとハードルが高かったのです。それで新しく買ったのが、ファーウェイウォッチGTです。

　ファーウェイウォッチGTの電池の持ちがいい理由は、GPSが常にオンになるアップルウォッチと違って、使いたいときだけ使えるためです。1週間ぐらい電池が持つのでつけっぱなしでいられ、睡眠の測定も連日問題なくできます。

　睡眠の時間だけではなく、眠りが浅い状態と深い状態も全部計測して、100点満点で点数が出ます。私はだいたい70点台後半で、いいときは85点、悪いと65点という感じです。これを見直すたび、いつも85点を取るためには、寝る前にスマホやパソコンを見るのはやめたほうがいいな、お布団をよく乾燥させよう、そろそろベッドパッドを買い換えるころかも、などいろいろな意識が働きます。その結果、睡眠の質が向上するというわけです。

　スマートウォッチの価格はさまざまです。アップルウォッチのステンレスタイプは高くて6万円ぐらいしますが、アルミタイプだと4万円ぐらいです。ファーウェイウォッチの場合は、一番いいラン

クのものでも2万円ぐらいです。ほかのメーカーのものでは、5000円前後のものもありますので、ご自身のお財布事情と欲しい機能に応じて選ぶといいと思います。

　注意点は、アップルウォッチはiPhoneしかつながらないことです。ファーウェイウォッチやサードパーティーのスマートウォッチはiPhoneでもAndroidでも両方つながります。私がファーウェイにして1つ困ったのは、Suicaの機能がなくなってしまったことです。今はオートチャージつきのSuicaのVIEWカードを使っています。

　繰り返しますが、スマートウォッチをつけると、いい数値を出したいがために、1駅ぐらいなら歩こうとか、エスカレーターよりも階段だな、という感じでこまめに動くようになり、座りっぱなしにならないように立ち上がる回数も増えます。

　ぜひスマートウォッチをつけて、自分の運動や睡眠の状況を計測してください。意外と、「動いたつもり」や「寝たつもり」になっているだけで、実は大して歩いていなかった、長く寝たわりに質がよくなかった、ということが結構あるものです。そうした小さな改善の積み重ねが、必ずダイエットの結果につながります。

↑今使っているのはファーウェイウォッチGT2 42㎜

定期的に歯の検診に行って、病気を予防する

• • •

40代の前半から、私は1カ月に一度、空いても3カ月に一度は、歯の定期検診とクリーニングを受けています。そこで小さな虫歯が見つかったらすぐに処置してもらい、歯の磨き方のチェックでは磨き残しをしやすいところを教えてもらって、以後、気をつけて磨くようにしています。

こう言うと「歯の優等生」のように思われるかもしれませんが、全然違います。小さいころは虫歯が結構あって、高校生とか大学生ぐらいまでは、歯がズキズキと痛くなってから歯医者に行く、というのが当たり前でした。その結果、20代半ばですでに神経がない歯が4本になってしまいました。

それが20代後半のとき、当時の職場の近くにあった歯医者にたまたま行ったら、そこがびっくりするような歯医者だったのです。どういう歯医者だったかというと、歯磨きテストがあって、そのテストに合格しないと虫歯の治療を始めてくれなかったのです。歯医者さんいわく、「歯磨きをちゃんとできない患者さんの治療をしても、また虫歯になって無駄だから」と。

その歯磨きテストの料金は5000円で、時間は1時間。なんだか妙にやる気になって、なんとか合格してやろう、と思ったんですね。最初のうちは、ちゃんとした歯磨きの習慣がなかったから大変でしたが、徐々にできるようになって、3回目のテストでようやく合格し、晴れて治療してもらえるようになりました。それが、私の

歯磨きに関するターニングポイントで、**歯はとにかく予防が大事で、その予防には正しい歯磨きが一番有効、すなわち、歯1本1本の表と裏はもちろん、歯間も歯間ブラシやフロスを使って磨き、指で触ってツルツルになったことを確認してやっと終了する**、ということを学んだのが20代後半だったわけです。

それと同じ時期に、歯列矯正をしました。犬歯が上に飛び出していたのを元の位置に戻し、下の奥歯が1本倒れた状態になっていたのを、親知らずを抜いて、歯を動かして調整しました。

おかげで見かけも噛み合わせもよくなりましたが、実はデメリットもありました。それは何かというと、歯を動かしたために、歯が弱くなってしまったことです。犬歯は、歯の根にダメージがあって知覚過敏に悩まされ続け、奥歯は10年ぐらいあとに、食事中にバリバリッと音を立てて割れました。その割れた歯は、インプラントになっています。

神経を抜いた歯は病原菌の培養所になりやすい

そういった苦い経験を経て、40代の前半から1〜3カ月おきに定期検診とクリーニングを受けるようになって、虫歯などの問題がない状態を保てるようになりました。とにかく歯は、予防するに限ります。

ちょっと怖い話をしますと、最近の研究によると、**歯の根の治療をして神経を抜いた歯は、時間が経つにつれて雑菌のインキュベーター＝培養所になって、ガンを含めたさまざまな病気が発生しやすくなる**ことがわかっています。神経を抜いているため、痛みを自覚できないことが、知らない間に進行する一因だそうです。その話を知ってから、これ以上神経がない歯を増やさないために、よりいっ

そうていねいに歯磨きをするようになりました。

　日中は外出していることが多いので、昼食後は普通の歯ブラシだけで済ませることが大半ですが、朝食と夕食の後は、歯間ブラシやフロスも使って磨き、指で触ってツルツルになったことを必ず確認しています。

　これを読んで、自分の歯は大丈夫なのか？　そういえば、歯の定期検診に行っていない、と気になった人は、すぐに歯医者の予約を取って行ってください。

　余談ですが、犬や猫などの動物も虫歯を放置するとそこから弱るそうで、獣医さんも歯の治療に熱心になっていると聞きました。ペットがいる人はぜひ、ペットの歯の健康維持にも努めてあげてください。

095

睡眠の質を上げる
3つの工夫をする

• • •

　睡眠の重要性については023で、睡眠とダイエットの関係については084と085で書きましたが、睡眠の質を上げる工夫は人生への投資そのもので、無駄になることは1つもないと思います。

　かつては、睡眠は6時間ぐらいで十分だと言われていて、実際に6時間眠ると本人にも寝不足という実感はあまりありません。ところが、**日中の集中力や正確性のテストをすると、6時間睡眠よりも7時間睡眠、7時間睡眠よりも8時間睡眠の人のほうが断然いい結果が出ます。**逆に、睡眠時間が6時間を切ると、明確に体への悪影響があるということもわかっています。

　そういった研究結果を踏まえて、40代半ばから、私は睡眠時間を7〜8時間取るようになりました。そして、時間を確保するだけではなく、睡眠の質を上げる工夫もしています。

① カフェインとアルコールは摂らない

　工夫は主に3つあって、1つ目は085で書いた通り、カフェインとアルコールをまったく摂らない、ということです。**カフェインは意欲の源と言われる脳内物質のドーパミンの分泌を促して、短期的にやる気にさせますが、反動が大きいためにドッと疲れて日中のサイクルが崩れやすく、それが睡眠のリズムも狂わせるのです。**

　外出先で、どうしてもカフェイン飲料しかない場合は、午前中に

1杯だけならいいことにしていますが、午後からは一切摂りません。友達とランチに行っても、食事中からずっと炭酸水を飲んで、食後のコーヒーや紅茶は飲みません。それくらい徹底していて、自販機やコンビニで飲み物を買うときも炭酸水かミネラルウォーター、あるいはカフェインレスの麦茶や十六茶、爽健美茶にしています。

アルコールは、意識を麻痺させる作用があるため、飲むと眠気を誘って入眠しやすくなりますが、体内でアルコールが分解されると中途覚醒し、再び寝ても眠りが浅い状態が続きます。それではすっきりと目覚めることはできず、日中に疲れやすくなって当然です。アルコールは肝臓や腎臓、脳などへの、さまざまな悪影響が指摘されますが、それらすべては睡眠が浅くなることに遠因があると思われます。

②寝室は真っ暗にする

2つ目は、寝室を真っ暗にするということです。私たちはちょっとでも光を感じると、どうしても目が覚めてしまいます。だから、以前は寝室に置いていたテレビも移しました。スマホも寝室には持っていきません。**寝室は、そこに入ったら寝ることしかできない空間にするわけです。**そうすると、なかなか寝つけないということがなくなります。

③ベッドのマットレスにこだわる

3つ目は、寝具の工夫です。ベッドフレームよりも、**ベッドのマットレスがとても重要**だと思います。以前は外国製の有名寝具メーカーのものを使っていましたが、ふと、外国製品は原価が安いもの

でも、日本の販売代理店などが入るから販売価格が現地の3倍とか、やたら高くなることに気づきました。

それで国産のものをいろいろ試してみて、ニトリのNスリープというシリーズを好んで使うようになりました。ポケットコイルスプリングのマットレスで、シリーズで一番高いものを買ってもそんなに高くなく、以前使っていた外国製のものよりは安く済んでいます。これは商品マニュアルに書いてあることですが、マットレスの劣化を防ぐために、だいたい半年ごとに必ず前後と上下で入れ替えています。もちろん、そのほかのシーツやカバーなどの交換と、ふとん乾燥機にかけることもマメにしています。

アロマ、ヒーリングミュージックも

私の場合、毎日1万歩以上歩いていて、トランポリンやゴルフなどの運動もしているので、夜眠れないということがほとんどありませんが、ごくたまに、どうしても眠れないときがあります。そういうときは、アロマを焚いたり、入眠しやすいヒーリングミュージックなどをかけるという工夫をしたりしています。最近は、寝る前にVRによる瞑想も始めました。朝は、できる限り自然に起きるまで放っておいています。就寝時間をいつも同じにしているので、自ずと起床時間も同じになるという体のリズムができあがっている感じがします。一応、目覚ましをセットしますが、目覚ましがないと起きられない、ということはまずありません。

睡眠の質を上げることは、どんな健康法や自己啓発法よりも、私は費用対効果が高いと思っています。ぜひ、私のやり方だけではなく、睡眠に関するいろんな情報を集めて、自分がピンとくるものを試してみてください。

なんでも洗いすぎるのを
やめる

● ● ●

　新型コロナウイルス感染症をはじめ、インフルエンザや風邪などの感染症を予防するために、こまめに、かつていねいに手洗いすることはとても重要です。ただ、理由もなく、なんでもかんでも洗えばいい、というのはちょっと違う気がします。何かと不安になる気持ちはわかります。エチケットを守っていないと思われたらどうしよう、不衛生だとは思われたくない、と考えるかもしれませんが、何事も過ぎたるは及ばざるが如し、です。それぞれに、適切かつ、適正な洗い方があります。

その野菜、洗いすぎでは？

　例えば料理をするとき。私は五反田でキッチンスタジオを運営しているので、一般の方々と料理をする機会が多いのですが、神経質なほど野菜を念入りに洗っている光景をよく目にします。大半の野菜は根が切り取られていて、土がついていても根元の部分など限られています。

　土にはさまざまな微生物が含まれているので洗うべきですが、土がついている部分だけ洗えばよくて、そのほかの葉や実の部分までゴシゴシ、ジャブジャブ洗う必要はないのです。**せっかくの旨味が流出してしまう上、完全に水気を切るのは難しいため、味付けがぼやけてしまいます。**

よく洗わないと残留農薬が落ちない、というのは勘違いです。農薬は、水洗いしたぐらいでは落ちません。安全基準をクリアした農薬しか使われていないわけですから、神経質になる必要はありません。極端なことを言うと、野菜を一度にまるごと食べてもたかが知れているというか、人体に影響はありません。

　そもそも、野菜や果物自体には自らの力で害虫を寄せつけないために毒性があります。ジャガイモの芽や緑がかった皮に含まれるソラニン、熟していないトマトの果肉のグリコアルカロイド、生のタケノコや、リンゴ、モモ、サクランボ、ウメなどの種の青酸配糖体（青酸ガスを発生させる物質）など。どれも大量に食べなければ人体に影響はありませんが、これらを気にしないで、あとから添加した農薬だけ気にするのは、あまり意味がないと思います。

　また、それらの野菜や果物を入れるボウルやザルを、使用する前と後に、洗剤をたっぷりつけて洗う人がいますが、本当にその必要はあるでしょうか。私は、洗剤をつけて洗う必要があるのは、使用後に油汚れがついた調理器具だけで、洗った野菜や水を入れただけのボウルは水洗いで十分だと思います。

　洗剤を使って洗いすぎると、器具が早く劣化します。もし、器具がすぐにダメになるという人は、洗いすぎが一因かもしれません。

洗顔も、洗髪も、洗濯も

　女性の多くは、スキンケアを念入りにしていると思いますが、化粧水に乳液、美容液など、いろいろなものをつけなくてはいけないのは、やはり顔を洗いすぎているせいだと思います。夜、メイク落としや洗顔料で洗って寝たら、朝は水洗いするだけで十分ではないでしょうか。

　夏場など、汗や皮脂でベタつくときは洗顔料を使って洗うべきですが、特にベタついていなければ水洗いだけにしたほうが、肌本来の脂分や水分を取りすぎずに済みます。それまで取ってしまうから、化粧水やら乳液やらをつけたくなるのだと思います。**肌には、肌を守る常在菌が必要で、洗いすぎるとかえって肌質が悪くなってしまうそうです。**メイクを落とすときや汗だくになったとき以外は、水洗いでいいと思います。

　髪の毛を洗うのも同じで、少量のシャンプーで地肌を洗って清潔にする必要はありますが、やたら泡立てて、頭全体を泡の塊で覆う必要はありません。

　洗濯機の洗剤も、規定量以上入れても意味はありません。最近の洗濯機は優秀なので、規定の量が少なくなっています。そのことに気づいて、私はキューブ状の洗剤ボールを使うのをやめました。あれだと量が多すぎて、服の繊維を傷めてゴワゴワにするので、自分で適量を測って入れるものを使っています。

　いったい全体、この「洗いすぎ信仰」はどこからきているのでしょうか。**とりあえず、なんでも洗ったらなんとかなる、というのは一種の思考停止です。**自分もそうなっているのではないかと、ぜひ一度疑ってみてください。

097

カフェインレスにして、生活リズムを整える

● ● ●

　かつての私は、朝コーヒーを飲まないと1日が始まらない感じで、毎日どのぐらいコーヒーを飲んでいたかというと、会社員時代は5〜10杯、独立後も最低5杯は飲んでいました。生活は超夜型で、夜中の1〜2時にならないとまったく眠くならず、起きるのは朝9時か10時。そんなリズムで生活していると、どんどん世間とのテンポがズレて、支障が出始めました。

　それで朝型に変えようと思っていろいろ調べたところ、超夜型生活の一因はコーヒーに含まれるカフェインの摂りすぎにありそうだ、ということにたどり着きました。

カフェインには中毒性がある

　カフェインはアルコールやニコチンと同じ薬物で、**問題は脳が常に欲しがって、カフェインを摂らないと頭が正常に動かない状態になること**です。それは立派な中毒症状ですが、お酒やタバコと違って、朝でも昼でも、会社の中でも歩きながらでも、いくら飲んでも誰にも咎められません。それどころか、訪問先ではコーヒー、紅茶、緑茶など、さまざまなカフェイン飲料をすすめられます。それらを何気なく飲んでいるうちに摂取量が増え、中毒症状が悪化してしまうのです。

　そこからなんとか脱しようと思って、カフェイン断ちをしました

が、3回して、3回とも半年ぐらいで失敗しました。コーヒーより
もカフェインが少ない紅茶や緑茶なら大丈夫だろう、と気を緩めて
いるうちに、元に戻るという……。

　それでも懲りずに昨年の春、4回目のカフェイン断ちにトライ。
今回は続いて、今現在もずっと断っています。さすがにもう、コー
ヒーも紅茶も、飲みたいとは思いません。家では、キューリグとい
うドリンクサーバーで、ハーブティーのカモミールかペパーミン
ト、デカフェのアールグレイを淹れて飲んでいます。

カフェイン断ち後の鎮痛剤は飲まないこと

　カフェイン断ちをすると、初日は案外なくても平気だ、と思うも
のですが、2日目か3日目ぐらいから頭痛がし始めます。それは、
カフェインによって収縮していた血管が拡張するためです。本来は
拡張した状態が正常で、体は本来の状態に戻ろうとしているだけで
すが、拡張することによって、より多くの血液が流れるので頭がズ
キズキするわけです。

　そのときに、鎮痛剤を飲んでしまったら、おしまいです。なぜな
ら鎮痛剤には、コーヒーなどから人工的に抽出した無水カフェイン
というカフェイン成分が入っているからです。頭痛は、だいたい1
週間ぐらい続きます。このつらさに耐えられなくて、カフェイン断
ちを断念する人が多いのですが、1週間の我慢です！　2週目に入
ると、痛みが治まって、なんともなくなります。

　この頭痛を乗り越えたあとの問題は、どうやってカフェインレス
生活を持続させるか、ということです。まず家にはカフェイン飲料
を置かないことが鉄則で、外では炭酸水かミネラルウォーター、麦
茶や十六茶、爽健美茶などを買うようにします。外食先で、ちょっ

としたレストランであれば、デカフェのコーヒーなども用意してあります。ハーブティーもあるところが増えているので、メニューになくてもぜひ聞いて代替してもらいましょう。そうするうちに、カフェインを摂らなくても、十分気分が落ち着くことを実感できると思います。

あと実感する変化は、**夜の寝つきがよくなる**ことです。寝つくまでに10分前後かかるのは正常で、それ以下だと慢性的な寝不足状態が疑われます。逆に、10分をはるかにオーバーして1時間以上かかる場合は、夕方以降にカフェインを摂っているのが一因です。ぜひカフェイン断ちを試してみてください。

かくいう私もひょっとしたらまた、カフェインを摂る生活に戻ってしまうかもしれませんが……。もし戻ったら、この原稿を読み返して、もう一度カフェイン断ちをしたいと思います。とりあえず、この本を書いている今はしっかり続いています。

禁酒すると、たくさんの メリットが得られる

・・・

　私は20歳から飲み始めて32歳ぐらいまで、結構飲んでいました。妊娠中と授乳中を除いて、毎日ワインだったら1/2〜1本。みんなで飲みに行くと、ビールを1Lは飲んでいましたし、日本酒なら2〜3合飲んでいました。なかなかの飲んべえだったわけですが、32歳でタバコをやめられたとき、ひょっとしたらお酒もやめられるかもしれない、と思って試したらやめられたのです。

　ところが、いわゆるスリップといって、39歳でまた飲むようになって41歳までの2年間飲んでいました。それ以来きっぱりやめて、10年以上が経ちました。

メリット① 時間が増える

　お酒をまったく飲まずにどういういいことがあったかというと、一番よかったことは時間が増えたことです。本当に、時間が増えました。**夜に飲み会に行くと、時間がどこかに消えてしまうのです。**パッとなくなってしまう感じでした。

　それが今は飲み会に行ってもお酒を飲まないので、会話や空間を純粋に楽しんで帰宅して、普通に家事や仕事ができます。さらに、お酒を飲んでいないので翌朝すっきり起きられて、すぐに家事や仕事ができる時間も増えました。

　私は毎日メルマガやブログ、本の原稿を書いて、YouTube動画

も配信し、ほかにも「勝間塾」の主宰やキッチンスタジオの運営などいろんな仕事をしています。それでよく聞かれるのが、なんでそんなに時間があるんですか？　ということです。その答えの1つが、お酒を飲まないことです。お酒を飲まないから時間があって、いろんな仕事に使えるのです。

メリット②お金を使わなくなる

　2つ目のいいことは、お金が出ていかなくなった、ということです。お酒を飲むと、どんどんお金がなくなっていきます。紅茶やお茶は高くても数百円ですが、ワインでちょっといいものだとすぐ3000円を超えますし、日本酒やウイスキーもこだわればこだわるほど高くなります。

　外食する場合、お酒なしだったら3000〜4000円で結構いいものを食べられますが、同額で飲み放題をつけると半分はお酒代になるので、食べ物が途端にショボい感じになります。つまり、**お酒は不経済**なのです。

　お酒で使わなくなった分は、趣味のゴルフのクラブを買ったり貯蓄に回したり、有意義な使い方ができるようになりました。とにかく時間だけではなくて、お金もなくならないというのは大きなポイントです。

メリット③老化が遅くなる

　3つ目は何かというと、老化が遅くなった、ということです。39〜41歳のスリップした2年間は特に、自分でもどんどん老化していくのがわかりました。年齢的な問題もありますが、鏡を見て、な

んか老けたなと感じることが多かったのです。考えてみれば、当た
り前です。**肝臓をアルコール分解のために使って、ほかの毒素の分
解に使えないわけですから、老化が進むに決まっています。**

　再び飲まなくなって、明らかに老化のスピードが遅くなったこと
を実感します。最近の研究論文から、お酒に適量はなくてゼロ＝飲
まないのが一番健康上のリスクがないことがわかっているので、ア
ンチエイジングにはお酒を飲まないに限るのです。

メリット④自己肯定感が高まる

　4つ目は何かというと、**お酒を飲まないのは自分をきちんとコン
トロールできているのと同じなので自信になり、自己肯定感が高ま
る**ことです。何事にも前向きに取り組めて、お酒をやめられたんだ
から、砂糖やカフェインもやめられるかもしれない、という気持ち
になれました。そして実際にやってみたら、砂糖もカフェインもや
められたわけです。

　誰にでも、やめる時期やタイミングがあるので無理強いはしませ
ん。私も昔は飲んべえだったので、飲みたい気持ちはよくわかりま
す。でももし今これを読んで、やめてみようかな、と少しでも心が
動いたら、そっちの方向に向かってみてください。

　お酒をやめる一番簡単な方法は、まず家にお酒を置かないことで
す。加えてお酒を飲む場に行かないことです。この2つを実行する
だけでも、ずいぶんと酒量を減らせるはずです。そうやって飲まな
いことで得られるメリットを増やしていくと、完全にやめる覚悟と
勇気ができると思います。

前頭葉トレーニングをする

・・・

　前頭葉は理性を司り、思考力やコミュニケーション力、判断力、創造性を発揮する際に不可欠な組織です。意思決定をする、行動を起こす、将来の計画を立てる、論理的に考える、ということなどもすべて前頭葉の働きのおかげで、人間を人間たらしめるものと言えるでしょう。

　つらいことや悲しいことがあっても感情が暴走せずに済むのも、将来のために努力を積み重ねて人生の最適化を図ることができるのも前頭葉のおかげです。人間の脳の中で一番最後に発達した部分で、また、一番最初に老化する部分でもあります。そのことから、**前頭葉をトレーニングして活性化させると、アンチエイジングや認知症の予防に効果がある**と言われます。

　具体的なトレーニング方法は、前頭葉がになっている働き、すなわち、思考力やコミュニケーション力、判断力、創造性を発揮できるように、例えば、**運動や計算、人づき合い、家事、瞑想、音楽や手芸などの創作行為**などをすることです。

　え、家事も？　と意外に思うかもしれませんが、家事というのは実は煩雑な手順を踏むもので、それを限られた時間でこなすには、優先順位をつけて進めたり、同時進行したりする必要があります。その面倒くさい手間が前頭葉を刺激するのです。特に料理は、仕上がりを合わせて複数のことをするため、効率のいいトレーニングと言えるでしょう。

　人とのコミュニケーションも、相手の反応を見て自分の対応を変えるなど、いつも同じではないので前頭葉のトレーニングになります。音楽というのはカラオケでOKです。私はプレステでよくカラオケをしていますが、音程やリズムという変化に合わせて、自分を制御しなければなりません。新しい歌に挑戦することはもちろん、十八番もより上手に歌おうと工夫しますよね。それが、前頭葉の活性化につながります。

　運動は、毎日少しでもすることが大事です。ふと、いつの時代も体育会系の人の就職率がいいのは、運動を通じて前頭葉も訓練していた結果、ビジネスパーソンとして活躍できる可能性が高いからか、と思ったりもします。

鍛えれば、高齢になっても機能は低下しない

　前頭葉は鍛えないと、どんどん機能が低下します。すると、やる気が低下して、なんでも面倒くさがるようになります。約束を守れなくなったり、自分さえ、今さえよければどうでもいい、といった短絡的な選択をしがちになったりしてしまいます。

　若い人でも機能が低下して、能力が落ちていきます。逆に、運動機能などと違ってちゃんと鍛えておけば、高齢になっても機能が低下せずに保てます。万一認知症になって、脳の機能に支障が出たとしても、前頭葉がしっかりしていれば、症状があまり出ないとも言われています。

　いつまでも若々しく、そして認知機能を衰えさせずに一生元気でいるために、前頭葉を鍛えましょう。

心のSOSをスルーしない

• • •

　肩こり、腰痛、不眠、便秘、肌荒れなど、皆さんもさまざまな不調とつき合いながら生活していると思います。それらの症状が出たとき、最近忙しかったからな、とか、食事が偏っていたかも、とか、運動不足だった、などと生活を振り返りますよね。ぜひ一緒に心にも、無理していなかったかどうか、問いかけてください。

　私は昨年の秋から冬にかけて、ひどい湿疹に悩まされていました。体中のいろんなところに湿疹ができて、病院を3軒ぐらい回っても原因がわからず、ステロイド剤や抗ヒスタミン剤などを塗っても、なかなか治りませんでした。やっと治まったと思うと、すぐまた別の場所に湿疹が出始めて、ひどいときは1日に3カ所も4カ所も出ました。

　湿疹に加えて、腰痛も出てしまいました。腰痛は過去に何度か悩まされた経験があって、だからこそちゃんと運動して、睡眠にも気をつけて、腰痛が出ないようにできるだけのことはやっていました。それなのに腰痛が出たのです。施術を受けても、いっこうによくなりませんでした。それで数人の専門家に相談したところ、彼らの意見に共通するのは、湿疹も腰痛も原因はストレスだろう、ということでした。

　ストレスが生じるのは、困っていることや、逃れたいことがあると、心はそれに気づいても否定しようとするせいです。なぜ否定するかというと、自分の弱さや無力さを認めたくないからです。見な

いふりをして平静を装い、気のせいにして流そうとするわけです。そうして抑え込んだ不安や恐れが、体を傷めつけるのです。

　私の場合、腰痛は前々からある症状だったのでブログなどに書くことができましたが、湿疹は初めてだったので事務所にすら言えず、何にも書けませんでした。

　なぜなら、さまざまな健康情報を発信しているのに、湿疹が出るなんてダメじゃないか、と言われる気がしたからです。1人で抱え込むしかなく、病院を変えてもいっこうに治らず、このまま治らなかったらどうしよう、と思うほどでした。そして、すごく大きなトラブルがあった日に、背中にすごく広範囲に湿疹が出て……。

　私のストレスの原因は、当時のパートナーとうまくいっていなかったことでした。

人間は、自分の弱さも老いも認めたくない生き物

　昨年、『なぜ人と組織は変われないのか──ハーバード流自己変革の理論と実践』（英治出版）という本を書いたロバート・キーガンさんが来日したときのセッションに参加しました。そこで、人が薬を飲み忘れる本当の理由を知りました。皆さんは、なぜだと思いますか？　日本人でもアメリカ人でも飲み忘れるそうですが、不思議ですよね。薬を飲まないと、不調や病気は治らないことが多いわけですから。特に、持病の場合は重篤な状態になりかねません。それでもなぜ飲み忘れるかというと、人はわざと薬を飲み忘れるのだそうです。

　理由は、潜在意識的に、自分が病気であることを認めたくない、あるいは、自分が老いていることを認めたくないからです。だから、自分に持病や老いを思い出させる薬を飲み忘れるわけです。同

じように、健康診断の検査で引っかかっても、再検査に行かない人がいます。私の友達にもいますが、その理由も自分が病気かもしれない、という現実と向き合いたくないからだと思います。

　原因不明の湿疹と腰痛に悩まされていたときの私も、パートナーとの関係で問題があることに気づきながら、それに向き合いたくなかったわけです。それ以外の方法でなんとか治そうと躍起になって、病院をはしごしたのかもしれない、と今となっては思います。そして関係を解消して、そのことをちゃんと受け止めると、湿疹も腰痛も面白いように快方に向かいました。

　この件では、とても反省しました。同じことを繰り返さないように、**体の不調は心のSOSかもしれない**、と考えるようにして、心とも向き合うことを習慣づけています。皆さんも、原因不明の不調や検査に引っかかることがあったら、それは心のSOSかもしれないので、くれぐれもスルーしないでください。特に、人間関係が原因のことが多いので、その点を疑うことをおすすめします。

　自分の心と向き合って、不安や恐れがあることを認めるのは苦しい作業ですが、早めに向き合うほど体調の回復も早まって、大事に至らないと思います。ちゃんと心の声を聞いてあげましょう。

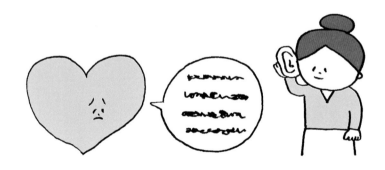

Optimize The Future!

参考文献

- 『FACTFULNESS（ファクトフルネス）―10の思い込みを乗り越え、データを基に世界を正しく見る習慣』（ハンス・ロスリング、オーラ・ロスリング、アンナ・ロスリング・ロンランド著、日経BP）

- 『決定力！―正解を導く４つのプロセス』（チップ・ハース、ダン・ハース著、早川書房）

- 『運のいい人の法則』（リチャード・ワイズマン著、KADOKAWA）

- 『幸せのメカニズム―実践・幸福学入門』（前野隆司著、講談社）

- 『セレンディップの三人の王子たち―ペルシアのおとぎ話』（偕成社）

- 『読むだけで絶対やめられる禁煙セラピー』（アレン・カー著、ロングセラーズ）

- 『禁酒セラピー―読むだけで絶対やめられる』（アレン・カー著、ロングセラーズ）

- 『日本の長寿村・短命村―緑黄野菜・海藻・大豆の食習慣が決める』（近藤正二著、サンロード）

- 『白米中毒』（白澤卓二著、アスペクト）

- 『なぜ人と組織は変われないのか―ハーバード流自己変革の理論と実践』（ロバート・キーガン著、英治出版）

※本書は、著者のYouTubeチャンネルの動画において解説した内容の一部に、大幅に加筆・修正を加え、書籍化したものです。

勝間和代が徹底的にマニアックな話をするYouTube
https://www.youtube.com/channel/UCWoiNwdr7EEjgs2waxe_QpA

staff

カバーデザイン	大岡喜直 (next door design)
本文デザイン	相京厚史 (next door design)
イラスト	matsu
撮影	疋田千里
ヘアメイク	木村美和子 (raftel)
DTP	BUCH⁺
校正	株式会社ぷれす、東尾愛子
編集協力	茅島奈緒深

勝間和代 （かつま・かずよ）

経済評論家。株式会社監査と分析取締役。中央大学ビジネススクール客員教授。

1968年東京生まれ。早稲田大学ファイナンスMBA、慶應義塾大学商学部卒業。アーサー・アンダーセン、マッキンゼー・アンド・カンパニー、JPモルガンを経て独立。少子化問題、若者の雇用問題、ワーク・ライフ・バランス、ITを活用した個人の生産性向上など、幅広い分野で発言を行う。なりたい自分になるための教育プログラム「勝間塾」を主宰するかたわら、麻雀のプロ資格取得、東京・五反田にセミナールーム＆キッチンスタジオ『クスクス』をオープンするなど、活躍の場がさらに拡大中。最近では、経済と効率化の知見と実体験、研究をもとにした家電、家事のアドバイスが人気。『勝間式食事ハック』（宝島社）、『勝間式超ロジカル家事』、『勝間式超コントロール思考』『ラクしておいしく、太らない！ 勝間式超ロジカル料理』（以上、アチーブメント出版）など、著作多数。

圧倒的（あっとうてき）に自由（じゆう）で快適（かいてき）な未来（みらい）が手（て）に入（はい）る！
勝間式（かつましき）ネオ・ライフハック100

2020年7月29日　初版発行

著者（かつまかずよ）／勝間和代

発行者／青柳昌行

発行／株式会社KADOKAWA

〒102-8177　東京都千代田区富士見2-13-3
電話0570-002-301 （ナビダイヤル）

印刷所／凸版印刷株式会社

©Kazuyo Katsuma2020 Printed in Japan
ISBN 978-4-04-604789-2　C0030